Mis sentimientos erróneos

Mis senti**mientos**
erróneos

Silvia Olmedo

AGUILAR

Mis sentimientos erróneos

D.R. © Silvia Olmedo, 2014.

Primera edición: octubre de 2014.

D.R. © de esta edición:
    Santillana Ediciones Generales, S.A. de C.V.
    Av. Río Mixcoac 274, Col. Acacias
    03240, México, D.F.

Diseño de cubierta: Silvia Olmedo
Fotografías de cubierta y de interiores: Jenika Kane.
Fotografía de contraportada: Johnny Lopera
Ilustraciones: Alex Herrerías
Ideogramas: Silvia Olmedo
Maquetación: Elizabeth Gómez Negrete

www.librosaguilar.com/mx

Comentarios sobre la edición y el contenido de este libro a:
megustaleer@penguinrandomhouse.com

ISBN: 978-607-11-3068-6

Impreso en México / Printed in Mexico

A mi padre, Ramón García,

gran jugador de mus, bailarín de salsa, rey de las migas y

la paella y sobre todo, un padre extraordinario.

Cada día es un homenaje a lo que me enseñaste:

la felicidad depende de uno mismo.

A la doctora María Sereno y a todo el Departamento

de Oncología y Enfermería del Hospital

Infanta Sofía, de Madrid.

Cada gesto de cariño que tienen con sus pacientes es

más potente que la mejor de las quimioterapias. Gracias

por ser científicos sin dejar de ser humanos.

ÍNDICE

INTRODUCCIÓN

Si te dijera que muchas de las causas de tu sufrimiento pueden ser eliminadas fácilmente, ¿estarías dispuesto a darte una oportunidad? Contrariamente a lo que muchos creen, podemos aprender a ser felices. Entonces ¿Por qué hay tanta gente que sufre? ¿Hay alguna razón que te haga pensar que estás condenado a no disfrutar tu vida? Pues sí, pero más que de una razón, se trata de una persona y la conoces: eres tú mismo.

Si empiezas a leer este libro te advierto que es un camino sin retorno. Si eres de los que siempre tienes una excusa para justificar tu sufrimiento, este libro puede romper muchos de tus castillos en el aire y obligarte a construir uno nuevo sobre tierra firme. Aquí no hay recetas mágicas ni explicaciones que te ayudan a justificar por qué sufres tanto. Son reglas y principios mucho más sencillos de lo que crees. Los psicólogos no tenemos una bola de cristal ni sabemos cómo eres con una simple mirada. Tampoco somos seres perfectos que no sufrimos. Lo que sí conocemos son los principios básicos del comportamiento y de las emociones humanas, los que te llevan a sufrir y los que te llevan a sentirte pleno. Somos como chefs de las salud emocional, del mismo modo que un chef sabe qué alimentos combinar, en qué cantidades y a qué temperatura se debe cocinar un platillo, los psicólogos también sabemos cuales son los ingredientes de la felicidad y cómo manejarlos. En concreto, me refiero a los que hacen que una persona sea infeliz. ¿Cuál fue el proceso erróneo para que una persona que pudo llevar una vida plena se sienta desgraciada? Las reglas son sencillas y muchos de nosotros podemos implementarlas sin necesidad de ayuda. No te asustes, éste no es un libro de cocina pero los principios son muy parecidos a los de cocinar un buen platillo. En tu mano está el hacer de ti un guisado delicioso, saber mal o incluso, volverte un veneno. Tú decides. Por eso este libro está estructurado en dos grandes bloques cada uno compuesto de dos partes. Los dos primeros capítulos te ayudarán a identificar los principales ingredientes que hacen a una persona infeliz. Podrás entender el impacto de no superar un duelo correctamente, pasando por la depresión, la ansiedad, la baja autoestima, incluso las fobias. Si quitas esos ingredientes nocivos de tu vida, añades un mejor proceso de "cocina" y unos ingredientes sanos, lograrás un plato delicioso. Eso precisamente lleva a la segunda parte del libro. Trata de la reinvención, de la necesidad de combinar los aspectos de tu vida para convertirte en lo que quieres. Finalmente, para añadir el azúcar glas al pastel, hablaremos de los ingredientes de la felicidad o, lo que es lo mismo, de qué aspectos son vitales para volverte un plato exquisito.

Siento haber quitado la magia y el misterio que algunos asocian al mundo de la psicología, pero el único mago de tu vida eres tú. Sí, está en tus manos el deshacerte de esos pensamientos y emociones que te conducen a la infelicidad. Despídete de todos los "hubieras" y de la mano de estas páginas, prepárate a descubrir tus sentimientos erróneos

16

1
¿POR QUÉ SUFRIMOS?

El dolor es inevitable
el sufrimiento es opcional.

– BUDA –

Seguramente conoces a alguien que pasa la vida sufriendo. O tal vez te pasa a ti. A lo largo de nuestra existencia, muchos nos tiramos a una espiral de sufrimiento que no lleva a ningún sitio, excepto a hundirnos más. Digo tirarnos y no caernos, porque a ese pozo tú decides lanzarte.

La vida no es un bucle de dolor, penas y angustias; es una montaña rusa y sólo hay que estar en la parte más baja cuando es inevitable y estrictamente necesario. Si con frecuencia te sientes de bajada y no hay una razón clara para ello, es posible que estés propiciando ese malestar.

"¿Me estás diciendo que yo he decidido sufrir?", te preguntarás. No, conscientemente no. Pero lo cierto es que tu manera de percibir la vida y tus creencias sobre ti tal vez te están causando más daño del que crees. Llevamos la vida como la sentimos y la forma de sentir surge de la interpretación que hace tu mente de la realidad. Si tus pensamientos y creencias la distorsionan, vienen la insatisfacción y el sufrimiento. Una forma errónea de interpretar la realidad y asociar emociones a ella puede ser tan nociva que por mucho que tengas o logres en la vida, nada te haga sentir feliz.

¿Te identificas con alguno de estos ejemplos?: Eres de los que estás todo el día preocupado, pensando en todas las cosas malas que te pueden pasar. No amas a tu pareja, pero te falta el valor para dejarla. No te sientes nada atractiva. Constantemente piensas en los buenos tiempos del pasado y te lamentas porque no volverán. No has superado la separación de tu pareja. Tus amigos siempre te acaban decepcionando. Odias tu trabajo, pero no te puedes permitir dejarlo. Te sientes deprimido y nervioso todo el tiempo.

Antes de seguir leyendo este libro sería conveniente que identificaras todos los pensamientos de ese tipo que te vienen a la cabeza. Todas las afirmaciones que haces sobre ti, los demás y la realidad que te rodea. Apúntalos, desde las emociones que te vienen a la cabeza cada vez que quieres hacer algo nuevo, a los que surgen cuando un ser querido opinia algo sobre ti o no te da la razón. Guárdalos y cuando acabes el libro descubrirás que tu manera de verlos ha cambiado y que quizás tú hayas cambiado con ellos.

¿TIENES QUE HACERTE UN PSICOANÁLISIS PARA CONOCER EL ORIGEN DE TU INSATISFACCIÓN?

Más que un psicoanálisis, que es un método utilizado por una corriente de la psicología, con lo que descubras en este libro puedes intentar un autoanálisis y decidir si acudir a un especialista.

La mayoría de las corrientes de psicología actuales están lejos de las explicaciones complejas que hace décadas daba el psicoanálisis. ¿Has oído hablar del "principio de parsimonia", también llamado "la navaja de Ockham"? Este concepto se refiere a que en igualdad de condiciones la explicación más sencilla normalmente es la adecuada. Entender por qué estamos insatisfechos o nos sentimos infelices suele tener una explicación más sencilla de lo que crees. Esto quiere decir que puede ser más fácil de lo que piensas conocer la causa de tu sufrimiento y ver hasta qué punto puedes resolverlo solo o necesitas la ayuda de un especialista.

Este libro te muestra algunos de los principios que los psicólogos usamos para explicar la base del sufrimiento humano. Los términos utilizados son mucho más coloquiales y asequibles, ya que el objetivo es que apliques estos principios, y para ello es necesario que los entiendas.

> "Siembra un pensamiento y cosecharás un acto, siembra un acto y cosecharás un hábito, siembra un hábito y cosecharás una personalidad, siembra una personalidad y cosecharás un destino."
>
> – SAMUEL SMILES –

Ésta hubiera sido una frase redonda, si Samuel Smiles le hubiera dedicado un párrafo al mundo de las emociones. Podemos conseguir el éxito, pero si no lo creemos, estaremos condenados a ser infelices.

LOS INGREDIENTES DE LA INFELICIDAD Y DE LA INSATISFACCIÓN

Me gusta comparar a las personas con la cocina. Cada uno de nosotros somos un plato distinto, ninguno sabe exactamente igual aunque algunos coincidan en los ingredientes. Aun así, los chefs saben que hay reglas básicas para no arruinar un buen plato. Demasiada sal o exceso de calor pueden

INGREDIENTES
DE LA INFELICIDAD

- No superar bien un acontecimiento doloroso.

- Evitar lidiar con situaciones difíciles.

- Pensamientos y atribuciones erróneas.

- Mi yo soberbio.

- Trastornos emocionales y mentales.

- Baja autoestima.

- Ansiedad.

- Miedos.

estropear un manjar. Al igual que los chefs, los psicólogos también seguimos principios que son aplicables a la mayoría de la gente. Hay pensamientos, conductas y creencias que pueden acabar con una persona o bien, propiciar la felicidad.

Pensando en esto, en las primeras dos partes descubrirás qué "ingredientes" y acciones impiden que disfrutes la vida. Desde la causa de los trastornos emocionales hasta los hechos del pasado que pueden dejar una herida emocional de por vida, incluso causar depresión. El segundo capítulo se centra en los pensamientos que nos obsesionan con el futuro y nos causan ansiedad. También descubrirás las distintas facetas de la autoestima y entenderás su relación con la ansiedad. Los dos últimos capítulos del libro tratan sobre los cambios que te ayudarán a saborear aún más tu vida.

¿QUÉ NOS HACE MÁS INFELICES QUE EL RESTO DE LOS ANIMALES?

El ser humano es el más inteligente y el más infeliz de los animales. ¿Cómo es posible esto si, en teoría, somos seres más evolucionados? Probablemente porque evolucionar implica sobrevivir, pero ¡no necesariamente ser más feliz!

El bipedismo, es decir, adoptar la posición vertical y andar sobre dos extremidades, hizo que nuestro cerebro se hiciera más complejo al desarrollar una capa externa que lo envuelve llamada neocórtex. El neocórtex aumentó aún más la parte del cerebro dedicada al razonamiento y al pensamiento. ¿Y eso es una desventaja?, me preguntarás. La respuesta es sí. Pensar demasiado o asociar nuestros pensamientos a ideas erróneas y consecuentemente a emociones erróneas es una de las grandes fuentes de sufrimiento.

Evolucionamos a homo-pensantes y no a homo-sapiens, como afirman los libros de antropología. Si de verdad fuéramos sabios identificaríamos con facilidad en qué cosas tenemos que dejar de pensar y cuándo debemos parar esa dinámica de pensamientos negativos e inútiles que no nos llevan a ninguna parte.

> *"La vida es 10% lo que me pasa y 90% cómo reacciono a ello."*
> — JOHN MAXWELL —

Por si fuera poco, la parte prefrontal del cerebro, la que nos distingue de nuestros parientes los primates, también está mucho más desarrollada. Esa zona es como una bola de cristal instalada en frente de nuestra cabeza y sirve para anticiparnos al futuro. "¡Qué ventajas!", pensarás, pero no siempre. Era una gran ventaja para el hombre primitivo, porque le permitía planear situaciones que lo ponían en peligro. Gracias a nuestra corteza prefrontal, o córtex prefrontal, estábamos tres o cuatro movimientos de ajedrez por delante del resto de las especies que nos amenazaban. Por ejemplo, guardábamos el fuego como joya preciosa, porque pensábamos en el mañana y queríamos la garantía de tener calor o protegernos. Esa estrategia, en apariencia tan sencilla, requería de un pensamiento complejo enfocado a planificar el futuro. Y la corteza prefrontal nos ayudaba a lograrlo.

En la actualidad, la rutina diaria está inundada de un sinfín de actividades importantes, o que nosotros creemos importantes, éstas activan nuestro cerebro desde que despertamos. Antes de que abras los ojos, tu cerebro ya está pensando en un millón de cosas. Cada vez son menos los que al despertar respiran profundamente y se levantan poco a poco. Al contrario, saltamos de la cama pensando en muchas situaciones y problemas que en la mayoría de los casos no enfrentaremos.

> *"Nos convertimos en lo que pensamos."*
> - EARL NIGHTINGALE -

¿ESTAMOS CONDENADOS A ESTAR SIEMPRE INSATISFECHOS?

No. Pero sí es importante entender que esa capacidad extraordinaria de pensamiento que tiene el "primate humano" convirtió este regalo de la evolución en uno de nuestros peores enemigos. Uno de los propósitos de este libro es adquirir consciencia de que nuestros pensamientos son el origen de nuestro sufrimiento y sufrir es completamente inútil.

Si llegas a conocer mejor la naturaleza de tus emociones y tus actos en lugar de juzgarlos, y si aprendes a identificar pensamientos y respuestas corporales ante una determinada situación, podrás apagar ese interruptor que enciende emociones y reacciones destructivas.

Nuestros Distintos Yos

¿QUÉ PUEDE CAUSAR DOLOR EN NUESTRAS VIDAS?

En ocasiones, el dolor que sentimos es inevitable; pero en otras, lo causamos nosotros. Nuestra naturaleza es maravillosa pero no perfecta. Somos un engranaje con distintas piezas, con distintos *Yos*; cuando uno de ellos no funciona, nuestra "máquina" se estropea.

¿A qué piezas me refiero? Pues a nuestra parte física, emocional y racional. Cuando las tres están integradas, parece que rodamos de forma natural. Por fortuna, a este engranaje de tres piezas, la psicología occidental finalmente ha incorporado la parte espiritual, una gran pieza olvidada por la ciencia, pero presente desde los inicios del hombre.

 NUESTRO YO BIOLÓGICO O FÍSICO

En los viejos pueblos de Castilla, si no te habían visto hace mucho tiempo, no te preguntaban: "¿Qué haces ahora? ¿Con quién te casaste? ¿Ganaste mucho dinero?" La primera pregunta era: "¿De salud, bien?" La gente de zonas rurales tiene más claras sus prioridades y sabe que si nuestra salud física está deteriorada, el resto difícilmente va a funcionar.

Te puedes enamorar, tener un trabajo maravilloso, sentirte realizado laboralmente, pero si no tienes salud, es difícil disfrutarlo. Respetar y mimar tu cuerpo, cuidando lo que comes, el aire que respiras y la actividad física que realizas, es un salvoconducto de que al menos no lo estás "desgastando" precozmente. Desconectarte de tu cuerpo, no escucharlo, ni leer las señales que te manda es un gran error. Tu cuerpo te habla de distintas maneras. A través del color de tu piel, sus manchas o erupciones, te dice si tu hígado no está funcionando bien, si tienes problemas hormonales, o si algo está dañándolo. A través del dolor, tu cuerpo te manda una señal clara de que hay algo que no funciona; así que tomar analgésicos, fármacos que quitan el dolor sin saber qué lo causa, impedirá curar la herida. Las enfermedades más traidoras son las indoloras porque invaden silenciosamente todo tu cuerpo.

Ignorar un pequeño problema de salud puede afectar negativamente en otras facetas de tu ser y lo peor, sin ser consciente de ello. Una persona con un dolor fuerte y constante, causado por una enfermedad crónica, acaba deprimiéndose hasta tal punto que no salga de la cama. Aunque la causa del dolor haya desaparecido, el paciente ya padece depresión y probablemente tendrá que ser tratado con fármacos y psicoterapia. Éste es un claro ejemplo de que el dolor debilita enormemente nuestro equilibrio emocional. Esa depresión que sufrimos a causa de un desgaste emocional puede permanecer incluso si la causa física del dolor ha desaparecido. Un joven que padece diabetes tipo 2 y no es atendido puede terminar sufriendo disfunción eréctil por esta enfermedad. Ese padecimiento puede debilitar fuertemente su autoestima sexual y provocarle emociones negativas e inseguridades con su pareja. Un desequilibrio hormonal fuerte causado por un problema de tiroides puede hacernos ver la realidad muy oscura, incluso causarnos depresión.

Causas de los problemas psicológicos

BIOLÓGICOS

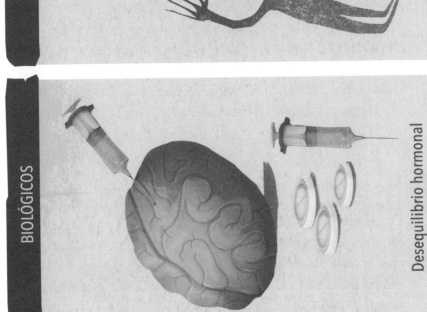

Desequilibrio hormonal o cerebral

PENSAMIENTOS

Baja autoestima
Miedo / Ansiedad

ACONTECIMIENTOS

Rupturas

Catástrofes

Esperados / Inesperados

¿Pueden nuestras emociones impactar en nuestra salud física?

Sí, mucho más de lo que pensamos. No hay duda de que las personas que padecen de frustración o enfado constante están maltratando su salud física. Incluso hay emociones que afectan directamente una parte específica de nuestro cuerpo. Un ejemplo, nuestro estómago. Este órgano es un gran recipiente de nuestro dolor emocional, puede reflejarlo en padecimientos como gastritis, reflujo gástrico o pérdida del apetito.

Hay personas con estilos de vida ansiosos que sienten se les cierra el estómago. Esto ¡no es sólo un sentimiento! Es real. Ellos, de manera inconsciente, contraen los músculos del estómago, incluso no aceptan comida. Esa ansiedad constante es interpretada por su cuerpo como una señal de peligro. El cuerpo se prepara para huir, pues cuanto más ligero esté, más rápida es la escapada. Muchos dolores fuertes de cabeza (cefaleas tensionales) son causados por el excesivo fruncimiento del ceño. Otros sienten fuerte dolor y rigidez en la mandíbula debido a que ante una situación de potencial peligro, el instinto de ataque les prepara para morder, produciendo una contración constante de la mandíbula. En definitiva, nuestro cuerpo reacciona ante eventos reales pero también a los que imaginamos.

NUESTRO YO RACIONAL

En teoría, nuestra parte racional era un regalo de la evolución y era considerada como nuestra mejor aliada. Gracias a que la tenemos más desarrollada podemos tomar decisiones más sabias, complejas y elaboradas. Por si este regalo fuera poco, la naturaleza nos dotó con la corteza prefrontal, la cual es como un freno de mano a nuestras conductas más impulsivas y sobre todo, a las más agresivas. Gracias a esta parte del cerebro nos hemos vuelto menos irascibles ya que nos permite anticipar los sucesos y reaccionar de una manera menos agresiva. ¿Nunca te han dado ganas de golpear a alguien y no lo has hecho por las consecuencias que implican? En ese momento la corteza prefrontal te ayudó a anticipar las consecuencias de tu reacción.

Desafortunadamente, la corteza prefrontal madura más lentamente que el resto del cerebro, ésta termina su desarrollo entre los 21 y los 23 años. Eso explica por qué algunos jóvenes son tan impulsivos y pueden tener explosiones de agresividad desproporcionadas ante eventos poco importantes. Muchos hemos sido testigos de las típicas peleas entre jóvenes por que uno miró "mal" a otro.

Entonces, si nuestro yo racional era nuestro gran aliado, ¿qué ha pasado? Tenemos un exceso de estímulos, nuestro pensamiento racional está diseñado para el aquí y el ahora, y sobre todo, para una realidad mucho más sencilla. No había teléfonos, ni mensajes de texto, ni escuchábamos la tele mientras buscábamos algo en internet. Nuestro entorno era sencillo, en una comunidad pequeña, sabíamos de dónde provenía el peligro. Nuestras actividades eran secuenciales, es decir, de una pasábamos a otra y de un pensamiento pasábamos a otro. En suma, teníamos un gran control de nuestros pensamientos.

Sin embargo, en la actualidad nuestra realidad se ha vuelto muy compleja. Tenemos un gran número de actividades y queremos preveer, no sólo las situaciones reales, sino todas las posibles. Nuestros pensamientos afloran de manera espontánea, aparecen de maneran inconsciente generando un ruido mental constante. Hemos pasado de controlar nuestros pensamientos, a que estos se apoderen de nosotros. Lo más interesante es que puedes recuperar el rumbo de tus pensamientos, sin necesidad de volver a las cavernas. A medida que leas este libro te darás cuenta de muchos de los pensamientos erróneos que rodean tu vida. A veces, con sólo ser consciente de ellos es suficiente para pararlos, en otras ocasiones necesitarás de mucho trabajo de reflexión y fuerza de voluntad para cambiarlos. Tus pensamientos tienen más peso en tu felicidad que los acontecimientos que pasan en tu vida. La buena noticia es que tú puedes controlar tus pensamientos.

NUESTRO YO EMOCIONAL

Si tuviéramos que identificar una parte de nuestro cerebro dedicada a las emociones, ésta sería el sistema límbico. Es la parte más primitiva del cerebro y de las que más rápido reacciona, al estar conectado a nuestras respuestas fisiológicas. Nuestro sistema límbico se encuentra en estado de alerta para detectar señales de peligro. Ante cualquier señal de amenaza, manda un aviso en forma de emoción y la emoción se convierte en una reacción de ataque o huida. Un ejemplo claro es cuando alguien nos grita agresivamente, nuestro sistema límbico reacciona de inmediato, al sentirse amenazado se prepara para agredir o correr. Pero es nuestro córtex prefrontal el que decide si magnifica ese evento: "Este hombre se merece que le den un puñetazo", o lo minimiza: "Está enfadado, tuvo un mal día, ignóralo." En definitiva, incluso en situaciones difíciles, nosotros elegimos magnificar o minimizar los eventos y consecuentemente nuestras emociones y reacciones.

¿Podemos aprender a cambiar nuestros sentimientos?

La respuesta es sí. Nuestras emociones tienen un componente aprendido. Reaccionamos ante ciertos eventos de forma automática, hemos aprendido a copiar esa reacción. A este tipo de aprendizaje se le llama vicario. Si nos dicen que una rata es mala y vemos a nuestra madre gritar y salir corriendo, cuando seamos adultos sentiremos ese mismo rechazo. Seguro conoces a alguien que nunca abraza o se pone nervioso al mostrar sus emociones, o no da ninguna señal de afecto. Es posible que en su casa tampoco su familia compartiera sus sentimientos con facilidad, por lo que aprendió a no hacerlo.

Desgraciadamente, aún está muy estigmatizado que un hombre muestre sus sentimientos. Es muy conocido el dicho "los chicos no lloran", y cuando ellos son afectuosos, los tildan de poco hombre. Todavía hay mucha gente que considera este acto tan humano como una señal de debilidad. Curiosamente las personas, hombres y mujeres, que bloquean sus emociones, son mucho más vulnerables y emocionalmente más frágiles. Reprimir un sentimiento tiene consecuencias parecidas a las que tiene bloquear el cauce de un río. Éste busca salida por otro sitio y acaba inundando la región. Del mismo modo, si un problema emocional se bloquea, acaba manifestándose, pero sus consecuencias suelen ser peores.

MI YO ESPIRITUAL

El término espiritual ha sido ligado únicamente a las religiones, y aunque muchas tienen un componente espiritual muy alto, no es necesario tener una religión para ser espiritual. Curiosamente, la mayoría de las religiones coincide en muchos de sus valores espirituales, y muchas veces éstos son

31

tergiversados por ideologías creadas por intereses individuales.

La psicología es cada vez más consciente de esa necesidad del ser humano por conectarse con lo más profundo de su ser y con algo más grande. Aunque hay muchas definiciones de espiritualidad, una de ellas la explica así: "La búsqueda y el encuentro con la esencia de uno mismo y la conexión con algo universal, sin necesidad de mediar con nadie." Aquellas personas que están conectadas con su yo espiritual, lo perciben como un estado de bienestar de consciencia y de conciencia, no sólo sobre sí mismos sino también con lo que los rodea.

Contrario a lo que dictan los dogmas de la sociedad actual, la felicidad viene de dentro y no de estímulos externos. El estudio, sobre todo, de la filosofía budista, además de las culturas ancestrales y de la esencia de algunas religiones ha llevado a un conocimiento más profundo de la espiritualidad. Cada vez hay más corrientes de la psicología que incorporan técnicas y principios espirituales. Dos claros ejemplos son la práctica de la atención plena o *Mindfulness* y la intervención psicológica ACT (Terapia de la aceptación y compromiso).

¿QUÉ NOS HACE SUFRIR?

Antes de continuar, merece la pena que sepas que este libro no te va a quitar el dolor, es necesario vivirlo. El dolor es una llamada de tu cuerpo de que algo anda mal, o de que hay un daño que necesita ser reparado.

En lo que sí te ayudará este libro es a evitar el sufrimiento, éste sí es completamente innecesario. Allí donde el dolor se cronifica por meter con mucha frecuencia el dedo en la llaga, aparece el sufrimiento. En definitiva, aunque te cueste aceptarlo, tú eres el que decide sufrir o no. Pasada la etapa de dolor inevitable que se tiene en distintos momentos de nuestra vida, cuando decides pensar otra vez en ese acontecimiento doloroso, revives esas emociones negativas y en consecuencia estás decidiendo sufrir. En la vida hay dolor y placer y ambos son parte de sus distintos sabores.

Pero, ¿en qué acontecimientos es normal tener dolor? En muchos, el más duro suele ser el de la muerte de un ser querido. Al proceso de vivir el dolor se le llama duelo y este duelo tiene que vivirse, pero debe tener una fecha de caducidad. Cuanto más fuerte sea el vínculo emocional y más inesperada la pérdida, mayor será el dolor. Otros duelos que vamos a tener son: la ruptura de una relación de pareja, la pérdida del trabajo, problemas de salud o un cambio radical en nuestro estilo de vida. Todos vamos a tener que vivir duelos en nuestra vida pero si estos no se superan adecuadamente producen daños profundos, incluso traumas.

¿EN QUÉ CONSISTE EL DUELO?

La gran mayoría de las pérdidas requiere de un duelo, que es el proceso necesario para sanar determinada herida emocional. Dependiendo de qué dolor emocional corresponda a ese duelo, el proceso puede variar. Por ejemplo, no es lo mismo el duelo de una persona cuyo padre lleva en cama cinco años por una enfermedad terminal, que el de aquella persona que sufrió la muerte de un ser querido de manera repentina o fruto de una injusticia.

En cualquier dolor vital siempre pasaremos por una etapa de aceptación, o sea asimilar y no resistirse a la realidad de esa pérdida. La resistencia a aceptar esa nueva realidad varía mucho de acuerdo con la situación. No es lo mismo que tu pareja te deje porque no te ama lo suficiente, porque se va con otra pareja, o incluso si la descubres *in fraganti* con otra persona. La reacción puede ser muy distinta, dependiendo de las circunstancias. Desde rechazarlo, engañarte, ignorarlo o enfadarte, todas estas reacciones pueden ser parte del proceso de duelo y conllevan a una fase de negociación hasta que el hecho en sí se acepta.

Otra parte vital de cualquier duelo es vivir el dolor, sentirlo, exteriorizarlo, hablar de él, sacarlo. No hacerlo puede llevar a un sinfín de traumas. Conectarse con tus emociones en ese momento tan doloroso, vivirlas, tiene un efecto muy positivo. Es como el desinfectante que le ponemos a una herida, duele pero ayuda a sanar más rápido.

 Principales eventos vitales que causan un gran dolor: muerte de un ser querido

La muerte de un ser querido probablemente es el aconteci-miento más doloroso al que nos tenemos que enfrentar. La muerte es inevitable y por ello aunque el dolor es muy grande, cuando la muerte de un ser querido es esperada, el dolor es más "fácil" de superar. Haber tenido tiempo para despedirte cuando estaba vivo y decirle lo mucho que lo quieres y cuánto significó en tu vida tiene un efecto muy positivo. Tras la aceptación y el llanto, ese dolor que parece imposi-ble de superar, va cediendo y poco a poco recobramos la alegría de vivir.

El problema viene cuando la muerte de un ser querido es inesperada. A ese sentimiento de dolor se suma el de injusticia y rabia, sentimos que nos han arrebatado uno de los pilares emocionales de nuestra vida. Si a este sentimiento de profun-do dolor lo acompaña el remordimiento por no haber pedido perdón, no haber aclarado un conflicto o simplemente no haberle dicho a esa persona cuánto la querías, esto te pue-de llevar a un sufrimiento crónico y aún peor, a un trastorno emocional.

En ocasiones, durante el duelo de un ser querido, puedes tener pequeñas recaídas. Si de repente te salta la rabia o la tris-teza, no te desanimes, no es un fracaso, no es volver a la casilla de inicio, es sólo un alto en el camino. El duelo por la muerte de un ser querido no es un proceso lineal, puedes echar marcha atrás en momentos difíciles, pero luego debes avanzar. Una ma-nera de continuar es hacer cosas que a tu ser querido le hubiera gustado que hicieras. ¿Crees que él quisiera verte sufrir eterna-mente? Después de seis meses a un año, cada vez que lo re-cuerdes, piensa en los buenos momentos con tu ser querido y acepta que todos, todos, nos vamos a ir.

CONSEJOS PARA SUPERAR LA MUERTE DE UN SER QUERIDO

- El dolor no se va más rápido si lo ignoras, conéctate con esa tristeza, no la evites.

- Realiza un rito de despedida (escribe una carta de despedida).

- Aprovecha este momento para unirte con los tuyos y compartir sus emociones.

- Si la muerte de un ser querido no es natural, sería conveniente ir a un psicólogo. Al duelo de la muerte se le une el de la tragedia.

- Acepta que la muerte es inevitable, todos nos morimos.

- Nadie deja de existir mientras lo recuerdes.

Se habla poco del duelo por el hijo no nato, pero perder un hijo durante el embarazo puede dar lugar a un duelo patológico precisamente por esa negación que lo rodea. Las posturas más frecuentes con las que se encuentra quien lo sufre son: el silencio, "no ha pasado nada", o restar importancia: "ya tendré otro". Al dolor de la pérdida se suma el sentimiento de incomprensión, ya que socialmente lo consideran un duelo "menor". Evitar el duelo, puede generar un gran dolor que, mal canalizado, afecta a la madre y a la relación de pareja. Aunque no necesites terapia, sería recomendable que tú y tu pareja fueran a un psicólogo para encauzar adecuadamente esta pérdida.

 ## RUPTURA DE UNA RELACIÓN DE PAREJA

Dependiendo de cuánto se siga amando a la ex pareja, la ruptura de una relación puede ser un acontecimiento doloroso o emocionalmente desgarrador. La ruptura representa no sólo terminar una relación con alguien a quien sigues amando, sino también cortar de repente con un estilo de vida. De repente tienes que cambiar tu proyecto de vida a largo plazo y tienes que modificar los hábitos de tu rutina diaria.

Uno de los aspectos más dolorosos de la ruptura es la verdadera aceptación del fin de la relación. Reconocer que se acabó es difícil, en parte, porque cada gesto de la ex pareja lo interpretamos como una esperanza para volver con ella. También cuesta aceptar que alguien nos puede dejar de amar cuando todavía lo amamos profundamente. Por otra parte, el hecho de que tu pareja siga viva pero sin ti, representa tanto dolor o más que si de verdad hubiera muerto. Aunque no lo creas, que tu pareja se vaya con otra persona es una forma más efectiva de superar el duelo más rapidamente. Esto se debe a que la fase de incredulidad se hace más corta al ser testigo de que ya está con otra persona. Cuanto más te cueste aceptar que tu pareja ya no es parte de tu vida mayor será el dolor y más prolongado será el duelo. Por otra parte, culparse por el fracaso de la relación o hacerse la víctima sólo sirve para sabotear la posibilidad de ser feliz en el futuro.

> "Hay dolores que matan, pero los hay más crueles, los que nos dejan la vida sin permitirnos jamás gozar de ella."
> — ANTOINE LAURENT APOLLINAIRE FÉE —

Una de las asignaturas pendientes de la sociedad es educarnos para entender que las relaciones de pareja pueden acabar, pero ¿qué ruptura es televisiva o cinematográficamente atractiva si no hay toneladas de drama?

Mi experiencia, basada en miles de correos de corazones rotos que me hablan de rupturas "insuperables" es que a no ser que te resistas, la ruptura no sólo se supera sino que la vida puede ser más feliz que antes. Sin prisa, eso sí. Date el tiempo necesario para abrazar a la persona que más amor necesita: esa eres tú y disfruta de ti mismo. Si cierras definitivamente la puerta de una relación que fue y ya no será, abrirás la puerta de la esperanza a futuras relaciones.

CONSEJOS PARA SUPERAR UNA RUPTURA AMOROSA

- Acepta que ya no te ama, o no lo suficiente, ¡mereces que te amen al 100!

- Evita encontrarte con tu "ex" o tener relaciones íntimas (equivale a una recaída).

- No mendigues atención, no le llames, no le ruegues. ¡Nada de mensajes de texto!

- Una ruptura no es un fracaso, es el final de un ciclo. Quédate con las experiencias positivas.

- No te enredes en relaciones íntimas para olvidar a la pareja, puede que al comparar te sientas peor.

- No trates de olvidar a la persona que amaste, consigue que su recuerdo no te duela.

- No busques culpables ni te culpes, la relación simplemente acabó.

Duelo laboral, cuando pierdes el trabajo

Perder el trabajo es algo por lo que muchos vamos a pasar. Visto de manera objetiva, representa la pérdida temporal de un salario y el cese temporal del desarrollo de una actividad. Nadie duda de que es una situación difícil, pero es temporal y tarde o temprano volvemos a tener un puesto de trabajo. Desafortunadamente, muchos la magnifican e interpretan como la pérdida de su amor propio. Lo que de verdad les duele es el daño a su identidad y a su autoestima, a tal grado que llega a impactar en la relación de pareja y de familia. Mensajes internos como "soy una inútil" y "es de poco hombre no mantener a mi pareja" magnifican un acontecimiento del que la mayoría puede salir y lo convierten en una tragedia. Tus capacidades no las perdiste, simplemente tendrás que buscar otro lugar donde las puedas desarrollar o las aprecien más.

Lo que pocos saben es que los grandes éxitos laborales vienen de un despido. Tras el dolor inicial y la recuperación de la autoestima y la identidad más allá del puesto y de la empresa para la que trabajabas, te encuentras con una oportunidad de oro: tener la libertad de ser aquello que te gustaría ser. En definitiva, reinventarte, convertirte en lo que deseas ser. ¿Quieres saber más sobre la reinvención? pues sigue conmigo y lo encontrarás en el tercer bloque.

CONSEJOS PARA SUPERAR LA PÉRDIDA DEL <u>TRABAJO</u>

- No asocies la pérdida de trabajo con fracaso, muchos despidos son decisiones estratégicas.

- Evalúa que te gustaría hacer, aprovecha esta oportunidad para reinventarte laboralmente.

- Si quieres cambiar de rubro, define tu objetivo y qué habilidades nuevas debes adquirir y en qué plazos.

- Si te han echado por envidias o política, el ambiente de tu empresa era tóxico, mejor desarrolla tus habilidades donde las aprecien.

- La mayoría de la gente tendría que cambiar de actividad cada tres años. A partir del tercer año, deja de aprender.

DUELO POR ENFERMEDAD GRAVE

El diagnóstico de una enfermedad grave que implique la posibilidad de muerte o el cambio total en el estilo de vida, en el caso de una amputación, causa un gran dolor. A veces, de la noche a la mañana pasas de tener una vida autónoma y desenvuelta a cortar con todas tus rutinas, tu círculo de amigos, incluso a ver muy deteriorada tu apariencia física. Hay enfermos de cáncer que cuando les aconsejan apoyo psicológico y antidepresivos, su primera reacción es rechazarlo por completo, ¡ellos no tienen depresión, sólo cáncer!

Es necesaria la aceptación emocional. Aunque racionalmente lo acepten, emocionalmente aún no pueden. Suelen levantarse y pensar que fue una pesadilla o que eso no les está pasando a ellos. En este caso, el dolor emocional puede impactar de forma negativa en la lucha del enfermo contra la enfermedad. A estos pacientes se les ofrece no sólo tratamiento farmacológico, sino además psicoterapia, con el fin de que se sienta con más ánimos y consecuentemente su cuerpo esté más fuerte, coma más, duerma mejor y su sistema inmune esté menos débil. Superada la batalla del cáncer, donde tu cuerpo y tus emociones necesitan de todo tu apoyo, quitarse los antidepresivos será muy fácil.

DUELO EXISTENCIAL, CAMBIO DE ETAPA DE CICLO VITAL

El duelo existencial o cambio de etapa de tu ciclo vital es el dolor que sientes a raíz del cambio de "papel" que percibes que tienes en la sociedad. La maternidad, casarse o jubilarse, para algunos representa dolor, una crisis pues piensan que dejan de ser quienes eran y ya no tienen el mismo lugar

en la sociedad. Muchos pasan de un ciclo a otro sin problema alguno, pero la menopausia y la maternidad, en el caso de la mujer, y la jubilación, en el caso del hombre, son cambios vitales que requieren de un reajuste.

Nos cuesta despedirnos de nuestra vida vieja porque no sabemos lo bueno que tiene la nueva. Si cumplir años es inevitable, mirar adelante es la mejor opción para disfrutar la nueva etapa que la vida te regala.

¿QUÉ PASA SI NO SUPERAMOS EL DOLOR?

Si los acontecimientos dolorosos no se superan, pueden causar un trauma emocional, o incluso algo más grave. El dolor emocional es una señal de que algo ya no funciona en nuestra vida, de que algo se acabó, pero al mismo tiempo nos ayuda en esa etapa de transición a reconocer el cambio y aceptar que nada es permanente. Idea que nos cuesta tanto admitir.

La clave de todos los duelos es la aceptación, interiorizar emocional y racionalmente que algo ha terminado; conectarte con ese sentimiento de tristeza pero también tomar la decisión de superarlo es vital para ser una persona feliz.

¿CÓMO PODEMOS SUPERAR EL DOLOR Y LA TRISTEZA?

Lo primero que tenemos que hacer es preguntarnos si la causa de ese dolor tiene solución o no. Si no la tiene, como es el caso de una muerte, o que tu pareja te dejó de amar, debemos superar el proceso de duelo. Una vez superado, es importante reflexionar sobre lo positivo de esa vivencia. De todas las experiencias dolorosas se puede obtener un aprendizaje y todo aprendizaje nos hacer crecer como seres humanos.

En el caso de que la situación o el problema que nos causa dolor tenga solución, debemos evitar todo tipo de victimismo, búsqueda de explicaciones como "¿por qué a mí?", o señales de arrepentimientos como "si hubiera". Lo más aconsejable es enfrentarte a la situación. Lo primero que debes hacer es definir cuál es el problema, pero sobre todo analizar qué es exactamente, qué es lo que te preocupa y qué es lo que te causa el dolor.

El dolor emocional está fuertemente asociado a nuestros pensamientos y creencias. Éstas filtran la realidad de una manera selectiva. Podemos decir que más que el hecho en sí, lo que nos causa dolor es nuestra manera de interpretar esa experiencia. Te doy un ejemplo. A una persona que la echaron del trabajo ¿qué es lo que le duele?, ¿que ya no podrá mantenerse económicamente?, ¿que la gente sepa que la echaron? o ¿que ha perdido el reconocimiento social o estatus que tenía con su trabajo? Para muchos es más doloroso afrontar que los demás sepan que lo han echado o que ya no tiene ese estatus superior al resto, que quedarse sin un sueldo mensual. La razón es porque su identidad estaba basada en su trabajo, es decir, "él era lo que era su trabajo". Al perder su empleo se derrumbó su amor propio

RESULTADO DE UN ACONTECIMIENTO DOLOROSO:

DOLOROSO

Bien resuelto   Mal resuelto

Hacer cosas que no podías hacer en pareja
Descubrir gente nueva

RUPTURA
AMOROSA

Pérdida de la autoestima

ión

Oportunidad para actualizarse
Cambio de rumbo

PÉRDIDA DE TRABAJO

STENCIAL

uevas
onotonía

RESULTADO DE UN ACONTECIMIENTO

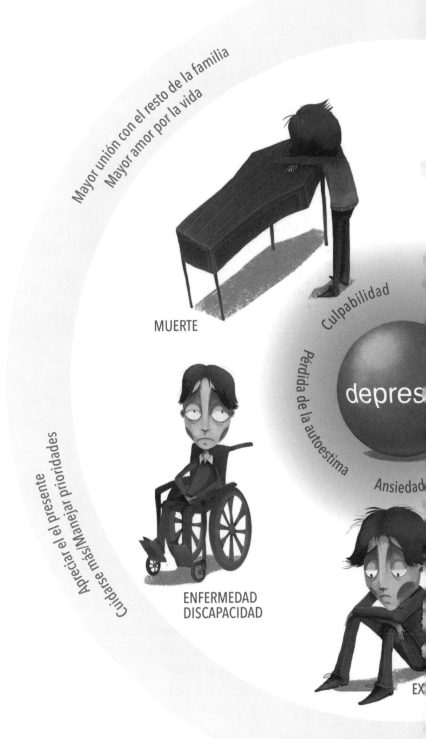

Mayor unión con el resto de la familia

Mayor amor por la vida

Culpabilidad

MUERTE

Pérdida de la autoestima

depres

Ansiedad

ENFERMEDAD
DISCAPACIDAD

Apreciar el presente

Cuidarse más/Manejar prioridades

EX

Disfrutar cosas

Romper con la m

en todos los ámbitos, incluso en su seguridad sexual. Esto les pasa a algunos hombres que tras la pérdida del trabajo, más allá de que la pareja les apoye al cien por ciento, su relación se ve fuertemente deteriorada. En vez de aceptar la pérdida del trabajo como algo que le pasa a cualquiera su interpretación es: "¡Cómo es que me pasó a mí!" "Soy muy poco."

Esos pensamientos erróneos y la idea de que hay cosas que a "uno" no le pueden pasar, hacen de un acontecimiento a superar, un enorme drama. Cambiar las ideas de uno mismo y lo que somos es muy importante pero también difícil, ya que las hemos adoptado sin cuestionarlas y muchos las toman como dogma de fe. En definitiva, del tremendismo y la desolación hay que pasar a la acción. Si la pérdida del empleo implica preocupación por no tener ingresos, elabora un plan de ahorro y búsqueda de empleo. Si los ingresos te hacen falta inmediatamente, debes hacer una pequeña concesión y aceptar un empleo inicial que tal vez no te guste tanto pero teniendo siempre en mente buscar otro que te haga sentir realizado.

"Es inútil volver sobre lo que ha sido y ya no es."
- FREDERICK CHOPIN -

Otro ejemplo de situaciones dolorosas mal llevadas son las rupturas amorosas. Nadie cuestiona el profundo dolor que se siente cuando alguien que amas te deja, pero ¿qué hace que duela más? Nuestras propias creencias como: "Si pudiera volver al pasado" o "nunca amaré tanto a otra persona" o "siempre me dejan" o "¿por qué me dejó?", son señales de que nuestra forma de ver el mundo, nuestros pensamientos, nos están

perjudicando. Nos encanta poner el dedo en la herida. Para algunos el sufrimiento se ha vuelto un hábito, una manera de entender la vida.

 ## ¿QUÉ ES LO QUE TE HACE SUFRIR?
MI YO SOBERBIO

Nuestra idea de lo que somos está basada en creencias que no cuestionamos. Ese no cuestionamiento hace que nos volvamos soberbios. Al no atrevernos a retar nuestras creencias, estamos determinando qué podemos y no podemos ser o hacer. Cuando esas creencias nos hacen daño o dañan a los demás, se vuelven parte de nuestro Yo soberbio. La razón por la que se denomina Yo soberbio es porque no queremos cambiarlo, aun cuando sea nocivo. La sentencia que te mandará tu cabeza será "yo soy así, no puedo cambiar". Nuestras creencias "incuestionables" acaban siendo nuestra cárcel y nosotros nuestros propios carceleros.

Nuestro Yo soberbio constantemente está comparando y discriminando a la gente que lo rodea para evaluarse "por encima" o "por debajo y las juzga de acuerdo a sus creencias". De ahí que cuando muchos pierden su trabajo, lo que les provocó dolor fue su Yo soberbio y no la pérdida del trabajo en sí. El Yo soberbio necesita que todo gire alrededor de él y que todo sea juzgado bajo sus creencias, por esto se compara constantemente. Nuestra autoestima no debe buscar compararse con el resto, sino sentirse segura de sus capacidades. Tampoco es soberbio considerarte un ser único e irrepetible, pero sí lo es si lo que buscas es ser alguien superior o que todo el mundo se rija bajo tus creencias. Tu Yo soberbio te hace interpretar tu vida de una manera errónea. Por eso, ante un acontecimiento desafortunado nos preguntamos "¿Por qué a mí?" Tu Yo soberbio te puede colocar como el gran merecedor de sufrimiento del mundo.

Seguramente alguna vez te has encontrado con alguien cuyas desgracias siempre son peores que las del resto. Es su Yo soberbio el que les hace pensar que ellos merecen ser víctimas de todas las desgracias. Se colocan como centro principal de todos los sufrimientos.

¿Cómo funciona mi Yo soberbio?

No vemos las cosas como son, sino como somos, y nuestras ideas sobre nosotros mismos y sobre nuestro entorno son determinantes en nuestra felicidad. Tener creencias es necesario, no cuestionarlas es peligroso. De ahí que tu Yo soberbio pueda ser tan dañino. Éste se resiste tajantemente a cuestionar las ideas y los valores sobre ti mismo. Superar una crisis emocional requiere de un cambio de forma de pensar, de un cuestionamento de tus ideas, incluso de algunas que siempre fueron incuestionables. Si tu Yo soberbio controla tu mente está controlando tu destino.

Te pongo un ejemplo: ¿Alguna vez has comprado un coche nuevo y al día siguiente te parece que hay más coches iguales al coche que te has comprado? De igual manera, si tu Yo soberbio te ha dicho que todo el mundo es malo, y tú nunca cuestionas esa idea, verás a todo el mundo como una amenaza y pensarás que te van a dañar. De manera inconsciente vas a buscar o a tratar de identificar a aquella gente que te puede hacer daño. Serás más receptivo hacia la gente con malas intenciones pero, sin darte cuenta, ignorarás a la gente que te quiere ayudar y en consecuencia filtrarás y pondrás tu atención en intenciones malas, así que acabarás atrayendo gente malintencionada.

La mayoría tenemos una manera de ver la sociedad; tenemos opiniones y valores que hemos aceptado sin cuestionarlos y los hacemos nuestros. Lo mismo pasa con nuestra identidad. Muchas de las creencias que tienes de ti no las has elegido, no las has cuestionado, pero las has hecho tuyas y son parte de tu su ser. Reaccionas basándote en lo que crees que eres, en lo que te dice tu Yo soberbio, y decides que hay cosas que "nunca" debes tolerar, "nunca" te pueden pasar, o "nunca" te puedes pedir.

¿Te has cuestionado esos "nunca" que hay en tu cabeza? ¿Por qué no lo haces? Probablemente porque definen lo que eres y da mucho miedo plantearse lo que es uno, sobre todo, cuando ni lo hemos decidido conscientemente.

MANERAS ERRÓNEAS DE SUPERAR EL DOLOR

Aunque no nos guste, debemos aprender a lidiar con situaciones dolorosas, muchos nos engañamos y acudimos a estrategias erróneas con el fin de evitarlas. Desgraciadamente acabamos produciendo un efecto bola de nieve que a la larga aumenta el dolor y el miedo a lo que estamos evitando. Existen varias estrategias erróneas para eludir situaciones dolorosas.

 ## LA EVASIÓN

Es el método más común para eludir el dolor y el miedo. Es una estrategia cotidiana que muchos utilizamos para esquivar las cosas que nos incomodan.

¿Eres de los que tienes muchas cosas que hacer y al encender la computadora te distraes y acabas en páginas que no tienen nada que ver con lo que querías hacer? Esta es una clara estrategia de evasión. Dedicarnos a otra tarea con tal de no lidiar con eso que nos desagrada. Si eres de los que estás horas trabajando y tu trabajo no se aligera, plantéate si tienes alguna de estas estrategias de evasión. Por cierto ¿sabías que hay conductas también distractoras? Que una persona esté constantemente tocándose el pelo o moviendo la pierna son señales de que una situación la pone tensa. Con esa acción desplazan, de manera inconsciente, la atención a una parte de su cuerpo. Hacen esto para no concentrarse en lo que les estresa.

En nuestra vida cotidiana presentamos muchas conductas de evasión que aunque no evitan gran problema, dicen mucho de la persona. Si alguna vez estás en un sitio público, observa a la gente, cruza una mirada, notarás que si tienen celular, de inmediato mirarán su pantalla, moverán la mano y empezarán a buscar información con tal de no lidiar con los nervios de tener contacto visual con otro ser humano. Otra manera de evadirse es zambullirse en una tarea que te quita todo el tiempo para pensar. Una muy utilizada es el trabajo, seguro conoces a algún trabajólic o *workaholic*, ese tipo de persona que dedica todo su tiempo a trabajar con tal de no lidiar con sus problemas.

PROCRASTINACIÓN

Una persona que es procrastinadora es aquella que deja o pospone sus actividades para el futuro con el fin de no enfrentarlas. No me refiero a las personas que son irresponsables o vagas. Estoy hablando de aquellos que procrastinan o posponen las cosas para más tarde por miedo a no satisfacer las expectativas que tienen de sí mismos o que los demás tienen de ellos. Si no se enfrentan a esa situación, significa que todavía no han fallado. Este tipo de personas no olvidan hacer las cosas, al contrario, muchos son muy perfeccionistas y piensan constantemente en que los evaluarán. El miedo a no resolver un problema o no ser lo suficiente, o no hacerlo de una manera perfecta, les hace posponer, hasta que esa bolita de nieve se vuelve una avalancha. La ansiedad que les genera pensar constantemente que tienen que hacer algo que están evitando, les ocasiona más dolor que el hecho de enfrentarse a la situación que tanto temen. Aquí está un claro ejemplo del

Yo soberbio haciendo de las suyas diciéndole: "Tú no puedes permitirte fallar."

LAS DROGAS

Si bien hay los que se vuelven adictos por satisfacer la curiosidad extrema de probar y disfrutar nuevas sensaciones, la mayoría de las personas se hace adicta para refugiarse, como estrategia para evitar el dolor o para no enfrentar situaciones difíciles.

Curar una adicción de manera definitiva implica ir al origen del problema. La dependencia a una sustancia se puede eliminar, pero si la causa inicial, que suele ser enfrentar un miedo o dolor, no desaparece, la probabilidad de que el paciente recaiga es alta.

Las adicciones psicológicas también son una manifestación de que hay algo subyacente que crea dolor o inquietud. Mediante una conducta obsesiva, como el juego, evitamos enfrentar una situación que nos duele o nos genera mucha ansiedad.

BÚSQUEDA CONSTANTE DEL PLACER

El placer es importante en nuestra existencia y aprender a disfrutar de los pequeños goces que nos da la vida es un arte, un don que todos podemos adquirir. El problema llega cuando nuestra vida se basa sólo en la búsqueda constante del placer. En vez de saborearlo, lo consumimos; mejor dicho, lo devoramos, y con ello sólo logramos calmar momentáneamente un hambre insaciable que vuelve al rato. En ocasiones esto puede ser señal de que estamos evitando lidiar con una situación que nos preocupa y nos duele. Hay personas que invierten toda su energía en la búsqueda del placer. Tal vez están evitando una situación o unos sentimientos que les duelen. "¿Qué puedo hacer este fin de semana?", "no me puedo quedar sin hacer algo", se dicen. "¿A qué fiesta voy?", "no quiero aburrirme con mi pareja, tengo que inventar constantemente cosas nuevas", "¿hoy con quién me voy a la cama?" Si al levantarte, tu primer pensamiento es "¿cómo me la voy a pasar bien hoy?", aunque no lo creas, es posible que haya una situación de la que tratas de huir.

EVITAR LA SOLEDAD

En nuestra cultura, la palabra soledad tiene connotaciones negativas, pero no siempre es así. La vida tiene momentos de compañía y también de soledad. En solitario nos encontramos. Es como mejor podemos abrazar lo que somos y estar en paz, sin miedos.

Si constantemente evitamos estar solos, si incluso preferimos estar mal acompañados a nuestra propia soledad, puede que sea porque nos da miedo quedarnos a solas con eso, que a veces no sabemos que es, pero nos duele. En sucesivos bloques seguiré hablando de la soledad y del miedo al abandono.

MENTIRNOS

¿Te has puesto a pensar cuántas mentiras te cuentas? Nuestros recuerdos son una elección sesgada de una parte de un hecho, son lo que nosotros elegimos de ellos en ese momento. Nos mentimos para "envolver" aquellos pensamientos con los que no queremos lidiar. Esto puede ser tan efectivo, que acabamos creyendo nuestra propia mentira. Casi todos nos hemos creado una historia de nuestro pasado que, en parte, está basada en mentiras o malinterpretaciones de la realidad. En la mayoría de las ocasiones las decimos para tapar aquello que nos molesta y nos duele. Por eso lo importante no es saber que alguien nos miente sino la razón de su mentira. ¿Qué esconde tras esa mentira, qué quiere tapar o bloquear que le hace sufrir o no acepta de su realidad? Hay un tipo de personas que miente de manera compulsiva, son los mitómanos; llegan a creerse tanto sus mentiras que no serían descubiertos ni por un detector de mentiras. A veces la mitomanía es un mecanismo de defensa ante algo con lo que no se puede lidiar. Otras veces representa una desconexión total de la realidad y es conveniente convencer a la persona para pedir ayuda a un especialista, ya que estamos hablando de alguien que puede padecer un trastorno emocional grave.

¿QUÉ HACER CUANDO LA TRISTEZA ES IMPOSIBLE DE QUITAR?

Si la tristeza se vuelve crónica, tal vez se convirtió en una enfermedad. Hay enfermedades o trastornos que más allá de nuestra voluntad y de nuestras creencias impiden que seamos felices. Me refiero a la depresión y a la ansiedad. Estos dos padecimientos están aumentando alarmantemente en los últimos años, debido, sobre todo, a los cambios tan radicales y nocivos que hemos experimentado en nuestro estilo de vida.

Decirle a una persona que se alegre o que no se ponga nervioso no es suficiente, incluso puede ser contraproducente. Sentirse nervioso o triste en determinado momento de nuestra vida es natural, pero padecer de depresión, un ataque de pánico o una fobia, requiere la ayuda de un especialista. De ahí que sea tan importante diferenciar lo que podemos superar solos de aquello para lo que necesitamos ayuda.

Si has sufrido alguna vez de depresión, sabes lo terrible que es. Lo peor es que todavía hay gente que descalifica a quienes la padecen, tildándolos de vagos y recriminándolos con frases como "yo no tengo tiempo para deprimirme". Si eres de esos seres que te sientes constantemente triste, que levantarte de la cama se ha vuelto misión imposible, que afrontar un nuevo día se te hace cada vez más doloroso, puede que padezcas de depresión y necesites ayuda. Eso no te hace ni más débil ni peor persona. Igual si tienes un catarro necesitas curarlo, si padeces de depresión debes de tratarla.

¿CÓMO SE TRATA LA DEPRESIÓN? ¿SE CURA?

La depresión sí se puede curar, pero debe ser tratada por un especialista. En muchos casos la depresión no puede ser tratada sólo con psicoterapia y necesita fármacos que ayuden a equilibrar la química de nuestro cerebro. Hay gente que sataniza los antidepresivos pero lo cierto es que los antidepresivos actuales, con la psicoterapia, son muy eficaces y tienen pocos efectos secundarios. La psicoterapia te ayuda a identificar y cambiar los pensamientos, emociones y conductas que detonan esos sentimientos erróneos. Otro aspecto que se considera cada vez más al tratar la depresión es el estilo de vida del paciente. Está aumentando vertiginosamente el número de personas que padecen de depresión y otros trastornos emocionales como la ansiedad, a causa de los estilos de vida tóxicos.

 ## ¿CÓMO SABER SI LO QUE TENGO ES DEPRESIÓN O TRISTEZA?

La tristeza puede ser un síntoma de depresión, pero la tristeza, como emoción aislada, asociada a determinado evento negativo de tu vida, no tiene por qué indicar que padeces depresión.

Muchos de los que sufren de depresión no aceptan padecerla, lo ven simplemente como un cambio en el estado de ánimo provocado por una causa que creen identificar. Cuando esa causa desaparece y siguen con esa tristeza y desgana tan profunda, es más fácil convencerlos de que sufren de depresión.

De momento no hay una prueba física como un análisis de sangre o de orina que nos dé positivo para identificar la depresión. Desafortunadamente todavía no están lo suficientemente integradas todas las disciplinas que abordan

TRATAMIENTO DE LOS TRASTORNOS EMOCIONALES

FARMACOTERAPIA

- No siempre es necesaria.
- Sólo la prescribe un doctor

+

PSICOTERAPIA

- Análisis de los pensamientos
- Modificación de atribuciones
- Técnicas de relajamiento
- Identificación de detonantes

+

CAMBIO EN EL ESTILO DE VIDA

- Reducir el número de actividades
- Cambio de trabajo
- Aprender a decir no
- Cambio de prioridades

los distintos aspectos del ser humano (emocional, biológico, racional). Por eso diagnosticar la depresión es díficil. Ya se sabe que cuando los niveles de serotonina, norepinefrina, dopamina o melatonina no están equilibrados, tiendes a sentirte mal emocionalmente. Pero la causa y el lugar donde impactan estos desajustes varía mucho, por lo que cada persona puede mostrar síntomas muy distintos. De ahí que muchos enfermos de depresión piensen durante años que sólo padecen tristeza.

¿Cuáles son los síntomas de la depresión?

Al no haber una prueba de laboratorio, a veces diagnosticar depresión se hace más díficil que otras enfermedades. La duración prolongada de síntomas es mucho más determinante para diagnosticar la depresión que si se padece todo sus síntomas en un día. No tener ganas de nada un día es normal, pero si eso se prolonga por seis meses puede ser una alarma clara de que tienes depresión. Entre los síntomas más característicos de los pacientes con depresión están: tristeza profunda, falta de energía, ganas de llorar. Hay personas que sienten que les duele todo el cuerpo, otras tienen sus patrones del sueño desordenados, o no duermen nada, o duermen mucho. En ocasiones, les faltan fuerzas para moverse, incluso para levantarse de la cama. Dejan sus actividades rutinarias, abandonan sus estudios o su trabajo y les cuesta mucho cumplir con sus deberes. Un claro indicador de depresión son las ideas suicidas. Que una persona hable de la muerte como algo atractivo o te diga que quiere morir es un claro indicador de depresión.

Cada vez hay más evidencias que muestran el impacto negativo de la depresión y hasta qué punto puede causar daños permanentes en nuestro cuerpo. Se ha descubierto que la gente con depresión tiene las glándulas suprarrenales (encargadas de generar la respuesta ante el estrés) más grandes. Lo que explica que algunos pacientes depresivos además se vuelvan más irritables. También se sabe que la zona del hipocampo, la cual se ocupa de las emociones y la memoria, es de 20 a 25 por ciento más pequeña en la gente con depresión. Es decir, una parte de tu cerebro se encoge si padeces depresión. Otra parte del cerebro que cambia es la amígdala, que en la cabeza de los pacientes deprimidos es mucho más sensible ante eventos negativos y por eso tiende a magnificarlos.

 ## ¿QUÉ CAUSA DEPRESIÓN?

¿Puede una ruptura causar depresión? ¿Una enfermedad? ¿Una dieta para adelgazar? ¿Y la pérdida del trabajo? No hay una causa única de la depresión, depende mucho de la persona.

Para entender mejor qué puede causar depresión, me gusta utilizar el ejemplo de la paella. ¿Qué puede hacer que una paella sepa mal? Muchas cosas, desde ingredientes de mala calidad como mariscos pasados o que el arroz esté duro, hasta factores externos como un sartén equivocado. Aun teniendo todos los ingredientes perfectos, si el fuego ha sido demasiado intenso quemará el arroz. Lo mismo pasa con la depresión y otros trastornos emocionales. ¿Qué puede hacer que una persona se deprima? Muchas cosas, hay aspectos propios de nuestro cuerpo como un desajuste hormonal, falta de una vitamina o los efectos secundarios de ciertos fármacos, que pueden impactar la química de nuestro cerebro y consecuentemente nuestra forma de ver la realidad. También hay factores externos como la falta de luz solar, un accidente, una ruptura o la muerte de un ser querido, que pueden detonar depresión. ¿Qué quiero decir con esto?

Que más que una causa específica podemos decir que cuando una situación dolorosa no está bien, el dolor se puede hacer crónico y volverse depresión. De ahí que sea tan importante enfrentar correctamente los duelos.

Cualquier situación puede ser buena para cronificar un dolor y que se vuelva depresión. Por eso todos somos vulnerables a padecerla en algún momento de nuestra vida y no siempre es cuestión de voluntad y ponerle "ganas". Ignorar las señales que nos mandan nuestras emociones y nuestro cuerpo puede hacer que un duelo mal llevado se convierta en depresión.

¿Puedo salir solo de una depresión?

Si la depresión es leve, puedes superarla solo, pero no es recomendable. Siempre, incluso cuando no sea muy grave, lo mejor es acudir con un especialista. La depresión es como una herida. Aunque tú la hayas desinfectado y ya no te duela, conviene que la revise un médico para asegurarse de que no ha quedado nada dentro que agrave la situación e impacte a largo plazo en tus capacidades.

¿EL SUICIDIO ES CAUSADO POR UNA DEPRESIÓN O ES UNA DECISIÓN PERSONAL?

La mayoría de las personas que se suicida no lo hace por un problema específico, lo hace por un estado emocional que impide ver una solución y el final del sufrimiento. Ven toda su realidad de manera gris y les duele enfrentar el día a día. La depresión hace que el sufrimiento sea tan grande que, en casos extremos, el paciente depresivo piense

que acabar con su vida es la mejor opción para terminar con su dolor.

¿Qué hacer si un amigo te habla de quitarse la vida?

Tómalo muy en serio. En vez de tratar de convencerlo con un sinfín de razones maravillosas por las que la vida es bella, escúchalo. Déjalo hablar y después intenta persuadirlo para que acuda con un especialista. Una persona que padece depresión ha perdido la capacidad de disfrutar la vida. Es como si hubiera perdido el sentido del olfato y le dieras una rosa para olerla. Antes de apreciar el aroma tendría que consultar a un otorrinolaringólogo para recuperar el sentido del olfato.

En el caso de una persona con ideas suicidas, debe acudir a un especialista para recuperar su bienestar emocional. Acompáñalo a la primera cita y, si puedes, a las subsecuentes. Es probable que al principio no le vea sentido ni utilidad y necesite de alguien que lo empuje. Después de recuperar parte de su capacidad para disfrutar la vida, no tendrás que convencerlo de nada, él solo acudirá al especilista.

¿Si un ser querido se suicidó, entonces no me quería?

Falso. Muchos familiares de personas que se han suicidado viven con la culpa de no haberlo impedido o con el sufrimiento de pensar que ese ser querido no se hubiera suicidado si de verdad lo hubiera querido. Ambas creencias son completamente erróneas.

A veces es muy difícil reconocer cuando alguien se quiere suicidar. Lo planean tan bien y su intención es tan clara, que es muy difícil evitarlo. Por otra parte, si eres hijo, padre o pareja de alguien que se suicidó, debes tener siempre en mente que tu ser querido estaba enfermo. Cuando tienes un dolor enorme te aíslas, no puedes ver más que ese dolor. Y lo mismo pasa con la depresión. Es importante que si has vivido uno de estos acontecimientos, acudas a un psicólogo para que te ayude a superar un duelo tan difícil.

CÓMO VE UN PROBLEMA UNA PERSONA QUE TIENE DEPRESIÓN Y UNA SANA

Ven salidas

ESPERANZA

CIÓN
ICA

Solución de
problema

Saludable

QUE TIENE DEPRESIÓN Y SANA

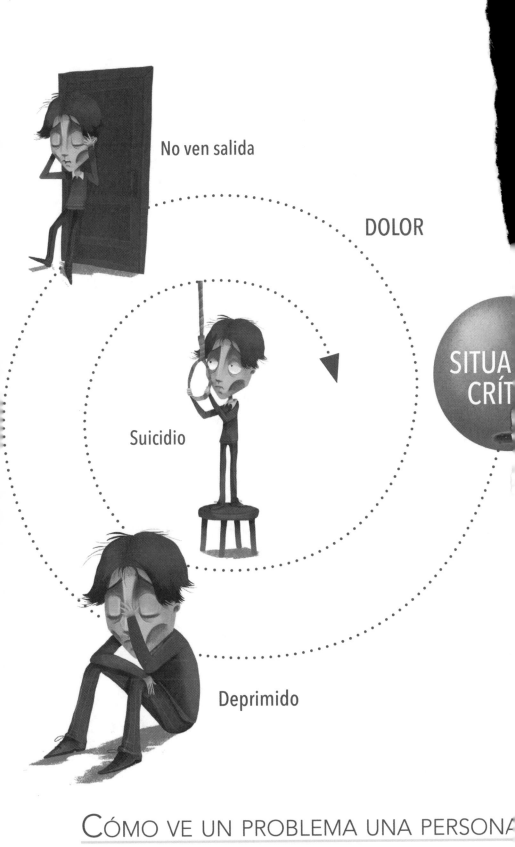

No ven salida

DOLOR

Suicidio

SITUA
CRÍT

Deprimido

Cómo ve un problema una persona

MITOS Y REALIDADES SOBRE LOS TRASTORNOS EMOCIONALES

 ¿SE HEREDA LA DEPRESIÓN? ¿SI MIS PADRES LA PADECIERON, LA SUFRIRÉ YO?

La depresión tiene un componente hereditario pero no es determinante que vayas a padecerla si tu padre o tu madre la sufren. Una de las causas de la depresión, puede ser un desequilibrio de los químicos en el cerebro, como la serotonina o norepinefrina, y aunque esto se puede heredar, hay maneras de contrarrestarlo. Entonces, ¿por qué hay una mayor probabilidad de padecer depresión si tus padres la han padecido? Principalmente por el modelo que tomamos de ellos: heredamos su manera de ver el mundo; aprendemos a asociar eventos con emociones positivas, a extraer el lado positivo o dulce de todo o, por el contrario, el lado negativo o amargo de todo.

De nuestros padres asimilamos las creencias y la manera de ver la vida y las hacemos nuestras. El gusto por la vida es como el paladar, se desarrolla. Podemos decir que hay familias que tienen desarrollado el gusto por lo amargo y no por el resto de los sabores, por lo que de la mayoría de los eventos buscan la parte amarga o desagradable. Por ende, en familias vitalistas y positivas es mayor la probabilidad de tener hijos más felices. En definitiva, desde la niñez podemos inculcar a los hijos una visión de la vida y unos valores que los hagan más felices.

¿SI MI PADRE ES ALCOHÓLICO, LO SERÉ YO?

No está demostrado que exista un gen específico de la adicción y si lo hubiera, sólo definiría una tendencia que podemos prevenir. Si sabes que tienes la tendencia a engordar, puedes desarrollar un estilo de vida más sano. Un claro ejemplo son los entrenadores de *fitness*, muchos toman como modelo al miembro de su familia con sobrepeso, al que no se quieren parecer.

Lo que es cierto, es que en una familia, cuando hay un padre o una madre con una característica muy pronunciada de adicción, los hijos tienden a comportarse de dos maneras: copian el patrón de conducta del progenitor y se vuelven adictos o se revelan completamente y manifiestan un profundo rechazo hacia el alcohol o la droga a la que es adicto el padre.

SI TENGO DEPRESIÓN ¿CON QUIÉN DEBO IR, CON EL PSICÓLOGO O CON EL PSIQUIATRA?

A la primera consulta puedes acudir con un psicólogo, pero para cualquier trastorno que requiera fármacos, debes visitar a un psiquiatra, pues los psicólogos no pueden recetarlos. Aunque tu depresión sea leve, lo ideal es que seas tratado por un equipo multidisciplinario de psicólogos, psiquiatras y trabajadores sociales. Así vas a trabajar tus pensamientos, emociones, los síntomas físicos y el entorno en que te desarrollas.

¿LA DEPRESIÓN POSPARTO EXISTE?

Sí, y cada vez ocurre con mayor frecuencia. Existen varias causas, entre ellas, el desequilibrio hormonal causado por el embarazo, parto y/o lactancia, que a su vez puede alterar los niveles de químicos en el cerebro. Otros aspectos que pueden impactar en la aparición de la depresión posparto son las expectativas irreales respecto a la maternidad y los cambios dramáticos en la vida de la madre. En ocasiones, la madre puede distanciarse del bebé por la depresión, por lo que es importante que reciba apoyo profesional o atención psicológica.

¿PUEDO TENER SÓLO DEPRESIÓN Y QUE ME DIAGNOSTIQUEN TRASTORNO BIPOLAR?

Sí, porque hay un tipo de trastorno bipolar en el que "parece" que sólo tienes depresión. Todos asociamos ser bipolar con un tipo de persona que va de un periodo de emoción extrema de vitalidad a otra de tristeza o depresión. Los pacientes bipolares pasan de una fase maniaca, caracterizada por un exceso de energía y vitalidad, a otra fase depresiva. A este tipo de trastorno bipolar se le llama trastorno bipolar I, el que la mayoría conoce y es más fácil de diagnosticar.

Hay un tipo de trastorno bipolar, el tipo II, en el que la fase maniaca es de mucho menor intensidad (hipomanía). La persona simplemente parece más alegre, pero la fase de depresión tiene la misma intensidad que en el trastorno bipolar I, por lo que si el médico no es experto, pueden confundir un trastorno bipolar II con depresión. La precisión en el diagnóstico es vital para la eficacia del tratamiento, ya que los pacientes con trastornos bipolares además de antidepresivos necesitan moduladores del humor.

 ## ¿UNA PERSONA DEPRIMIDA TIENE SUEÑOS DEPRESIVOS?

Tal vez. Nuestros sueños están fuertemente influenciados por los nodos de información y las emociones que tenemos activados en nuestro cerebro. Cuando nos acostamos, los pensamientos más activos están asociados con las emociones más intensas que tenemos durante la vigilia. La mayoría de las emociones y los pensamientos que un paciente depresivo tiene durante el día son de tristeza. Por lo que sus sueños suelen tener un tono triste, incluso quienes no se atreven a decirlo pueden soñar con su propia muerte, durante el sueño manifiestan un deseo que quieren cumplir.

 ## ¿SE DEBE OCULTAR LA MUERTE DE UN FAMILIAR A UN NIÑO?

No, al niño se le debe explicar que un familiar ha muerto, pero el mensaje y la forma de hacerlo tienen que estar adaptados a su edad. Pensamos que los niños no son tan conscientes ni sensibles a la muerte como un adulto. Esto es un gran error, su manera de manifestar el sufrimiento es distinta. Si ya le hemos comunicado la muerte de un ser querido, no hay que darle más información que la que te pide. Hay que ser siempre receptivo a sus preguntas y recordar con él los momentos agradables y los recuerdos de ese familiar que murió, esto ayudará al duelo de ambos. No le escondas tus emociones, si te ve llorar, explícale las razones por las que te sientes triste. Lo que sí es importante es evitar los estallidos emocionales de tristeza.

¿SOY BIPOLAR SI EN EL MISMO DÍA ESTOY TRISTE Y LUEGO ALEGRE?

No, estar triste y contento un día no quiere decir que seas bipolar. El problema es que estamos empleando de manera inapropiada las palabras utilizadas por los psicólogos y los psiquiatras para hablar de estados emocionales que tenemos a diario. Como bipolar, para definir que alguien es voluble de carácter. Es como cuando utilizamos el término "estoy deprimido" para decir que estamos tristes. Si tienes temporadas, con cambios repentinos de mucha alegría y mucha tristeza, quizá padezcas un trastorno ciclotímico, que es un tipo de trastorno bipolar leve. Éste siempre tiene que ser diagnosticado por un especialista.

 ## ¿LA PREFERENCIA DE LOS PADRES HACIA UN HIJO PUEDE CAUSAR UN TRAUMA?

Depende del análisis que haga el hijo. Pero hacer sentir culpables a los padres por esto, es desaconsejable. La mayoría de los padres quiere por igual a sus hijos, pero puede tener ciertas preferencias por uno u otro. Esto pasa por razones internas de los padres que, tú como hijo, no siempre puedes entender.

Algunos prestan más atención al que sienten más débil, con el objetivo de protegerlo, o se sienten más cómodos con el hijo del mismo sexo, con el que tienen una mayor afinidad en términos de personalidad. Puede que a uno le presten menos atención sólo porque parezca completamente autosuficiente y eso sea percibido como falta de cariño por parte del hijo. Si definitivamente te sentiste que te hacían a un lado, háblalo con tus padres, sin esperar

que te den la razón, porque su forma de vivir tu infancia quizá fue completamente distinta a como tú la viviste. En una familia de varios hijos, la atención de un padre tiene que dividirse entre varios y no siempre es ecuánime. Debemos entender que un padre puede tener muchos hijos pero un hijo sólo tiene un padre y su atención es tarea dividida entre todos los hermanos, esto te ayudará a que no compares y sobre todo a no tener resentimiento. Es importante que no condiciones tu cariño a lo que recibiste de ellos, sino al que quieres dar. Estar en paz con la familia es uno de los estados que genera más estabilidad emocional.

 ## ¿SI SOY HOMOSEXUAL PADEZCO UN TRASTORNO MENTAL?

No, simplemente tu orientación sexual no es la que tiene la mayoría de la población, pero no es ni mejor ni peor. Lo que sí es cierto es que la tasa de suicidios y de depresión entre homosexuales es más alta, debido al rechazo de la sociedad. Si eres homosexual, tienes que ser consciente de que puedes llegar a ser discriminado, y hasta que esta situación desaparezca de nuestra sociedad debes fortalecerte emocionalmente y aprender estrategias enfocadas a lidiar con los prejuicios de mucha gente. Busca amigos que te quieran incondicionalmente, familia, grupo de apoyo, sobre todo en la adolescencia. Si ser adolescente es difícil como heterosexual, siendo homosexual lo es aún más. Cada vez hay más estudios que dan más peso al componente innato de la orientación sexual, sobre todo cuando está claramente definida desde muy joven.

Aún así si eres homosexual, vas a tener que asimilar que aunque el problema no lo tienes tú, sino la ignorancia de la sociedad, puedes sufrir las consecuencias de ser discriminado. Tu fortaleza interna, amor propio, tu perseverancia en educar a los tuyos sobre las ideas erróneas que tienen de la homosexualidad y no dejar que te hagan daño quienes la rechazan, te hará sentirte bien y llegar a donde quieras.

 ## ¿TU TRABAJO TE PUEDE CAUSAR DEPRESIÓN?

Sí, y en la cultura actual de trabajo cada vez se dan más las bajas laborales por depresión. Hay empresas cuyo objetivo es conseguir la total identificación del empleado con su trabajo. Logran que poco a poco el vínculo sea tan fuerte que se crea una total dependencia con la empresa y surje la idea de "yo soy lo que valgo en mi empresa". Una vez que han conseguido eso, saben que si eres rechazado estarán destrozando tu identidad. Ya no es un intercambio de talento o habilidad por una remuneración económica. Se crea una relación laboral tóxica en las que se utiliza el chantaje emocional y otros tipos de estrategias de presión para provocar que el empleado haga cosas que no quiere.

Cuando esto pasa, la confianza del trabajador se va minando y con ella su autoestima. Aguantarán todo tipo de coacciones con tal de que no los echen, porque ya no se sienten capaces de hacer bien su trabajo, incluso creen que ya no volverán a emplearlos. Si estás en esa situación, lo mejor es que te vayas o acabarás con tu autoestima completamente destrozada. Si eres de los que estás mirando con mucha frecuencia tu teléfono a las 9 de la noche porque piensas que tu jefe te puede escribir o se te hace un nudo en el estómago cuando te llega un mensaje, estás más cerca de lo que crees de tener una relación tóxica en tu lugar de trabajo y ésta te pueda causar un trastorno emocional.

¿UN GRAFÓLOGO PUEDE SABER SI PADECES DE DEPRESIÓN?

Si ve un documento aislado es difícil, pero con una evolución de muchos de tus escritos puede detectar si tienes un problema emocional. Según algunos expertos, no sólo se pueden leer los rasgos de la personalidad, sino el estado emocional en el que se encuentra la persona en el momento en que escribió el documento. El grafólogo siempre pide un texto y una firma. Los analiza de manera independiente, así como la relación entre ellos. No les importa tanto lo que escribas sino cómo. Cada rasgo de letra, la legibilidad, el tamaño, el énfasis, la presión, la angulosidad, la posición de tu firma y la distancia con el texto principal, se vuelven elementos en los que proyectas lo que eres y tu estado emocional. Por lo que un grafólogo puede evaluar cómo estás anímicamente a través de varios textos tuyos.

2
EL ORIGEN DE NUESTRO SUFRIMIENTO

*Por mucho que corramos,
nuestros miedos
algún día nos alcanzarán.*

L a palabra sentimiento está formada por dos partes: SEN-TIR, que se refiere a la conexión con nuestras emociones y MENTE, que corresponde a nuestros pensamientos. Nuestras experiencias generan sentimientos que son nuestra propia interpretación emocional de la realidad. Analizamos un acontecimiento no tal cual es sino a través del filtro de nuestros valores y prejuicios, de acuerdo con estos le damos una emoción. Una vez que tenemos una emoción, nuestro cuerpo reacciona y nos comportamos de acuerdo con ésta.

Analizar un acontecimiento y asociarlo a ciertas emociones depende de nosotros. Muchos, desafortunadamente ya lo hacemos de manera automática y sin darnos cuenta reaccionamos agresivamente hacia cierto tipo de personas o situaciones. Reaccionamos negativamente respondiendo de manera automática a ciertos eventos que objetivamente podrían ser positivos. Pero al igual que podemos cambiar la forma en que comemos o conducimos, aunque lo hagamos de manera automática, también podemos cambiar nuestras creencias y nuestros sentimientos y por tanto, nuestra manera de reaccionar ante ellos.

> *"Tu corazón es libre,*
> *ten el valor de escucharlo."*
> PELÍCULA: CORAZÓN VALIENTE

El mismo acontecimiento puede ser analizado de maneras tan distintas que sus efectos serán vividos como traumáticos o exitosos, según se interpreten y se reaccione ante ellos. Te pongo un ejemplo, el caso de Juan y Alonso.

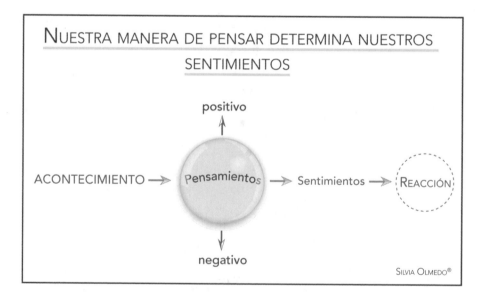

Ambos habían sido nominados a un premio muy reconocido en el ámbito del cine. Los dos eran excelentes directores. El día de la entrega de premios, en el momento de anunciar al ganador, ninguno de los dos amigos fue mencionado.

Juan quiso salir inmediatamente, sentía los latidos del corazón en su cabeza, estaba destrozado, no podía soportar la mirada de los otros pensando que no había ganado. En cuanto acabó el evento se fue a casa. "Ya lo sabía", se repetía. En el fondo creía que él no podía ganar. A partir de ahí dijo que no quería hablar más de ello, sus familiares no lo mencionaban y su novia le recordaba a la gente que evitara ese tema. En momentos de enfado, le venía un *flashback* en el que visualizaba a toda la gente del teatro diciéndole "perdedor". Juan se decía en voz alta, "mi padre tenía razón, no valgo para nada", y pasaba muchas noches recordando el momento en que no le dieron el premio.

La reacción de Alonso fue completamente distinta. La emoción que experimentó cuando lo nominaron fue de la misma intensidad que el vacío que sintió cuando no ganó. Pasado un minuto, le dio un beso a los suyos, miró a su alrededor y se dijo a sí mismo: "Alonso, esta vez no te ha tocado, pero mira lo alto que has llegado. Ya estás entre los grandes directores y dedicándote a tu pasión." Le dio un sorbo a su bebida y pensó que era hora de aprovechar la fiesta, disfrutar de sus amigos y bailar con su chica. Alonso no omitía el hecho de que no recibió el premio, sino que le recordaba a la gente que fue candidato a obtenerlo. El recuerdo de su nominación lo transportaba a su habitación de cuando era niño y se veía colocando todos sus soldados y caballos para hacer la que fue su primera película de vaqueros. Su esfuerzo le había llevado a conseguir todos sus logros.

Y tú, ¿con quién te identificas más, con Juan o con Alonso? ¿Te has planteado cómo cuentas la historia de tu vida? ¿Ha sido un eterno sacrificio o sufrimiento constante por el camino? ¿Qué asociaciones haces? ¿A quién atribuyes tus logros? ¿Y a quién atribuyes tus errores? Piensa en el último gran "fracaso" que tuviste. Si reaccionaste como Juan, tienes un gran trabajo que hacer. Por último, no volveré a mencionar la palabra fracaso ya que tiene propiedades autodestructivas muy grandes. A partir de ahora vamos a utilizar la palabra "error" pues de ellos siempre aprenderemos algo.

> *"¿Por qué nos caemos?"*
> *"Para aprender a levantarnos, señor Wayne."*
> PELÍCULA: BATMAN

En este capítulo hablaremos del origen de nuestro sufrimiento. Vamos a centrarnos en las asociaciones que hacemos consciente o inconscientemente entre nuestros pensamientos y nuestras emociones. Ahí, en lo más profundo de tu ser en donde se unen ambos, surgen tus sentimientos. Vas a viajar a las creencias que tienes sobre ti mismo y el mundo que te rodea, las mismas creencias que te hacen hundirte o volar.

Voy a hablar de los pilares de tu ser, de cómo te ves a ti mismo y de cómo tus miedos te hacen reaccionar ante muchas situaciones. Desde aquéllos que te hacen huir, te impiden intentar algo o incluso no te dejan dormir. ¿Estás preparado para hablar de la autoestima y de la ansiedad?

LA AUTOESTIMA

La autoestima es uno de los grandes indicadores de nuestra salud psicológica y uno de los grandes predictores de felicidad en nuestra vida. Al igual que un edificio necesita columnas fuertes para no derrumbarse, una persona emocionalmente sana está sujetada por los pilares de una autoestima sólida.

Podemos asegurar que una persona con una baja autoestima es susceptible a que cualquier cambio la impacte negativamente y tiene gran probabilidad de padecer algún trastorno psicológico. Una baja autoestima es el detonante de muchos desengaños amorosos, laborales, incluso enfermedades. Pero si ya sabemos que es importante, ¿por qué hay tanta gente con problemas de autoestima?

Saber que tienes una autoestima baja es el primer paso de un largo camino hacia tu recuperación. No hay recetas fáciles ni instantáneas, pero si cada día avanzas un poco, llegarás a tener una autoestima alta.

 ## ¿QUÉ ES LA AUTOESTIMA?

La autoestima es la valoración interna que una persona hace de sí misma. Es la forma en que nos percibimos y la manera en que nos sentimos respecto a nuestras capacidades, debilidades o defectos. Todos tenemos distintas facetas y en todas, casi de manera inconsciente, nos evaluamos. La autoestima global de una persona será la suma de todas esas valoraciones. Es lógico que nos evaluemos mejor en algunas

ACONTECIMIENTO

INTERPRETACIÓN
DEL HECHO

Nunca seré
suficiente

Seré feliz en
otra relación

MI PAREJA ME
ABANDONA

LA INTERPRETACIÓN DE LA REALIDAD

SENTIMIENTOS   REACCIÓN

→

Tristeza
Inseguridad

Aislamiento
Incapacidad de seducir

→

Aceptación
Seguridad

Volver a seducir

IMPACTO DE LOS PENSAMIENTOS EN LA INTERPRETACIÓN DE LA REALIDAD

facetas y no tan bien en otras, pero si en varias te calificas bajo, es un mal síntoma.

Aunque la mayoría de los psicólogos coincide en las facetas más importantes de la autoestima, otras varían dependiendo de las prioridades de cada persona y el entorno en que se mueva. Por ejemplo, en una familia de músicos, la inteligencia musical es muy importante; en una familia de deportistas, la aptitud para el deporte tendrá una gran prioridad. Por tanto, saber cuáles son las prioridades de las personas te hará saber a qué facetas de su autoestima le dan más importancia. Seguro que un modelo le da más importancia a su autoestima física y un científico a su autoestima intelectual.

Las distintas facetas de nuestra autoestima

Tenemos una valoración global de nuestra autoestima y surge de las evaluaciones que hacemos de cada una de nuestras diferentes facetas o habilidades personales que equivaldrían o vendrían a ser, los distintos tipos de autoestima. Las columnas más importantes para nuestra solidez como personas son estas facetas de nuestra autoestima:

 ## La autoestima física

Con el exceso de información visual, televisión, videos o las redes sociales, la importancia que damos a nuestra apariencia física ha adquirido una relevancia desproporcionada a tal grado que se ha vuelto obsesiva. ¿Quién no tiene una amiga que constantemente te dice, "tengo que adelgazar"?

Sí, nuestro físico es nuestra carta de presentación y es el primer foco de atención a la hora de encontrar pareja, pero se está sobrevalorando. Si a esto le sumamos que a golpe de dedo podemos quitar flacidez, adelgazar o volvernos más musculosos; estamos creando modelos corporales perfectos pero irreales a los que todo el mundo quiere copiar.

A los 6 años la mayoría de las niñas y niños se siente bien con su cuerpo, pero ¿qué pasa para que a los 13 años sólo una tercera parte de las niñas se guste físicamente? ¿Qué es lo que produce este cambio radical de percepción en las niñas? La presión mediática de modelos de belleza irreales. En ellos, la perfección, la sexualización y el difuminado total de defectos crea mujeres perfectas pero irreales que son utilizadas como elemento comparativo e inalcanzable de belleza. A los 13 años las niñas ya no se sienten princesas como lo hacían a los 6, sino ranas a las que se les recuerda constantemente lo que les falta y no lo que tienen. En el fondo nos dicen: "¿Cómo puedes sentirte querida con esa piel?" "¿Cómo puedes sentirte bien con esa celulitis?", o "las chicas perfectas tienen vidas perfectas y tú no lo vas a alcanzar hasta que pierdas peso, mejores tu cara y aumentes tu pecho". Es un camino en busca de la perfección imposible de conseguir porque ser imperfecto es lo que nos hace humanos.

Los cánones de belleza actuales no son sanos. Si eres mujer, tienes que tener como mínimo veinte por ciento de grasa corporal para ovular y esa celulitis tan odiada por muchas es una característica única e inequívoca de que somos mujeres. Si quieres saber que una mujer es mujer y no travesti, mira sus piernas, si no tiene ni una gota de celulitis, probablemente no tenga un gramo de mujer. ¿Estás mirando las tuyas? ¡Me acabo de dar cuenta que soy un mujerón!

¿Qué hacer si no te gusta tu físico? A nadie le gustan todas las partes de su cuerpo, pero no por eso tiene que rechazarlo. Busca las partes que más te gustan y resáltalas. Y a las que no te gustan tanto, no les prestes mucha atención.

Ni hables de ellas disculpándote en su nombre, "siento no tener las bubis como la famosa de turno"; ni te comportes de manera que todos presten atención a tus pechos, encorvándote como un buitre para esconder aquello que no te gusta.

AUTOESTIMA INTELECTUAL

¿Alguna vez te han pedido que hagas una suma de varios dígitos? ¿Puedes calcular cuánto es 3 más 10, 7 más 6 más 5. ¿Lo intentaste hacer mentalmente o simplemente dijiste, "yo no soy bueno para eso"? ¿Eres de los que cuando el profesor pregunta algo en clase ni te esfuerzas en escuchar? ¿O miras al inteligente de la clase para saber qué responde porque piensas que no vas a saber la respuesta? ¿Dentro de ti hay una vocecita que te dice "tú no sirves para eso"? Entonces claramente tu autoestima intelectual es baja.

No existe una inteligencia, existen varios tipos de inteligencia y ninguna es mejor que otra. Más que hablar de inteligencia, me gustaría hablar de habilidad o talento. El contexto es el que otorga valor a una u otra habilidad concreta en un momento determinado. Te pongo un ejemplo. ¿A quién le sirve la habilidad de un matemático, si estás perdido en medio de la selva? ¡Seguro que es más valorado quien tenga una capacidad especial para detectar especies venenosas, buscar agua y orientarse para volver a casa!

La gran mayoría de la gente suele tener una habilidad que destaca sobre las demás. La inteligencia se puede desarrollar, el problema es que una vez que la autoestima es dañada, nos saboteamos y en ocasiones, ni lo intentamos.

Hasta hace poco la definición de inteligencia se refería a la inteligencia lógico-matemática; si no eras bueno para hacer ejercicios lógicos, no eras inteligente. Esto ha cambiado. Ahora se reconoce la existencia de muchos más tipos de inteligencia como musical, lingüística, emocional, naturalista, social, corporal, erótica y hasta tecnológica. La realidad es tan heterogénea que necesita de distintos tipos de habilidades de las que tú seguro tienes varias y probablemente ni lo sepas.

La gran mayoría de nosotros podemos desarrollar los mínimos conocimientos requeridos en la gran mayoría de las inteligencias. Todos podemos adquirir la habilidad matemática mínima requerida. Lo cierto es que hay gente que nace con un don, una habilidad extraordinaria para algo. Compararnos con Einstein en matemáticas no sólo es erróneo sino que merma nuestra autoestima.

En vez de centrarnos en nuestros propios progresos, nos comparamos, ya no con gente de nuestro nivel, ¡sino con quienes tienen un don extraordinario! Curiosamente, la gente que tiene un talento único suele tener otra habilidad mucho menos desarrollada. Por ejemplo, los genios matemáticos tienden a tener menor inteligencia emocional. Hasta hace poco se le había dado mucha menos importancia a la inteligencia emocional que a la lógico-matemática. Pero las cosas han cambiado tanto que hay psicólogos que afirman que con la inteligencia lógica sobrevives en la escuela y con la emocional sobrevives en la vida.

¿Puedo tener un gran talento y no conseguir lo que quiero?

Sí. Como el sistema educativo mide a todos los niños de la misma manera, si eres un gran talento deportivo como Nadal o tienes un gran talento para la música pero en tu escuela no se potencian ni se desarrollan esos atributos, ¡podrías perder el tren! O puede que se te ofrezca la oportunidad, pero hayan golpeado tanto tu autoestima que creas que no sirves para ello. Es triste saber que muchas personas con talentos extraordinarios nunca llegaron a desarrollarlos.

Los genios, los grandes artistas, tienen una combinación de talento, un don innato y talante, obstinación que es la capacidad de trabajar duro para conseguir algo, y esto todos podemos desarrollarlo. Hay gente considerada exitosa que es sobre todo un ejemplo de talante, de trabajar duro y de ser perseverante con lo que quiere; gente que creyó que podía y trabajó mucho para conseguirlo.

¿Qué impacto tienen los padres y los profesores en la autoestima intelectual?

Los padres son los grandes constructores o grandes demoledores de nuestra estima. Si desde niños nuestros padres o nuestros profesores nos dicen que no servimos para cierta actividad y nos regalan comentarios como "el niño no sabe", "no es bueno para ello". Incluso cuando la profesora dice en público "esta actividad que la haga Pepito y no Juanito, porque Juanito no sabe hacerla", nos están quitando la motivación para aprender, nos están diciendo "no lo intentes" o "ni te esfuerces porque nunca llegarás".

Hace poco me invitó mi amigo Juan a comer en casa de sus padres. Él es muy tímido y aunque es una de las personas más sabias que conozco, le cuesta mucho dar su opinión en público, incluso cuando estamos con un grupo pequeño de amigos. Durante la comida familiar, me sorprendió ver lo tímidos y retraídos que eran también todos sus hermanos. En la mesa se dio una situación que me sorprendió. A uno de ellos se le cayó un tenedor al suelo, inmediatamente su padre dijo "tooooorpe" en tono de burla, el resto de los hermanos se sumaron a esas risitas. La única interacción que se dio en esa comida fue cuando uno de ellos cometía un error. Después de ver la reacción de su familia comprendí la causa por la que Juan era tan tímido. Muy probablemente los hermanos de Juan también tendrán miedo a hablar en público y a intentar muchas actividades por temor al ridículo.

Por eso, si eres padre, cuida cómo hablas con tus hijos. Los mensajes que le das a un niño le quedan clavados y pueden impactar muy negativamente en su confianza de adulto. Por eso es importante informar con cariño y explicar las consecuencias de su error y no insultar. En vez de decir: "No lo sabes hacer", dile "lo puedes hacer, aunque te cueste más, pero aprenderás y no tienes que ser perfecto."

¿Y si de verdad no tengo una capacidad?

Si un niño no es bueno para las matemáticas, no quiere decir que no pueda estudiar lo que quiera. Tendrá que trabajar un poco más duro en lo que no se le da tan bien, eso sí, sin dejar nunca de lado aquellos talentos que le han sido dados. La gran mayoría de nosotros podemos adquirir las habilidades necesarias para cumplir con las mínimas exigencias y que nada nos cierre las puertas para hacer lo que nos gusta.

Reflexiona y busca qué es lo que te gusta hacer y para qué eres bueno. Y aunque no siempre ambas cosas coincidan, no debes renunciar a lo que te gusta. Si no estás haciendo eso que te interesa, analiza todos los mensajes internos que te están frenando y rétalos.

AUTOESTIMA AFECTIVA

Se entiende por autoestima afectiva a la evaluación que hacemos de nosotros en relación a cuánto cariño creemos que merecemos. ¿Puedes creer que hay gente que siente que nadie la quiere? Hay personas que internamente piensan que no merecen ser queridas.

¿Qué puede llevar a una persona a sentir que nunca la querrán, o que no merece ser querida? Principalmente la experiencia, real o percibida, de abandono. Por ejemplo, si uno de los padres la abandonó o murió, la sensación de vacío, de no sentirse merecedor de ningún cariño, puede perdurar hasta que la persona es adulta. También provocan un profundo daño los divorcios traumáticos en los que uno de los cónyuges manipula la situación para dañar a su èx, haciendo creer a sus hijos que ellos también fueron abandonados, en vez de explicarles que el amor de los padres es incondicional aunque estén juntos o separados. El sentimiento de abandono también se puede dar incluso cuando no hay un abandono real. Que los padres tengan preferencia o muestren más atención por un hijo puede hacer sentir a un hermano que fue "menos querido". Esto pasa más frecuentemente en familias numerosas o con los hijos de en medio. Interiorizar que tener menos atención por parte de los padres no equivale a que te quieran menos, es una de las estrategias para acabar con el sentimiento de vacío.

¿Cómo impacta una baja autoestima afectiva en la relación de pareja?

Algunas personas que sufrieron el abandono del padre o de la madre pueden vivir con la idea constante de que van a ser abandonadas. Se culpan por no ser queridas y no se sienten merecedoras de que las quieran. Por ello, puede ocurrir que cuando tienen una pareja, el miedo a no ser queridas o no creer que de verdad las quieren, las lleve a utilizar mecanismos de sobre-compensación para evitar que las abandonen. Estás personas prestan un exceso de atención a la relación y harán cualquier tipo de concesiones con tal de que no las dejen como sienten que hicieron cuando eran niños. Muchos sin ser conscientes ejercen el control mediante un exceso de celos, "si me aseguro que no se va con otra, no me dejará", "si controlo todo lo que hace nadie me lo podrá quitar", presionando tanto que acaban abandonados. De esta manera se confirma lo que ellos se dicen constantemente: "No se merecen ser queridos." Su autoestima afectiva es tan baja que no se creen merecedores de que los amen libremente. Ese miedo al abandono está saboteando una relación de pareja feliz.

¿Cómo impacta la orientación sexual en la autoestima afectiva?

Las ideas erróneas de la sociedad acerca de la homosexualidad hacen que haya homosexuales que se sientan culpables de su orientación sexual y que tengan una autoestima afectiva baja; sienten que no se merecen ser queridos al pensar que les han fallado a los padres por no cumplir sus expectativas como hijos.

Curiosamente, los homosexuales son quienes cuidan más a sus padres cuando son mayores; unos, porque tras la fase de aceptación, el vínculo emocional creado con uno de los padres se fortalece enormemente. Otros, porque inconscientemente piensan que no se merecen ser queridos por no haber sido el hijo o hija que sus padres hubieran deseado y sobrecompensan esto con un mayor cuidado hacia los padres.

 # AUTOESTIMA SEXUAL

Nunca hubo tanta información sobre sexualidad como hoy en día y nunca la gente estuvo tan acomplejada. Y es que mucha información que aparece en los medios sobre la sexualidad está enfocada a recordarte lo que no sabes, lo pequeña que la tienes y lo poco que duras. Por eso te invito a que leas mi anterior libro, *Los misterios del amor y el sexo*. Con él podrás romper todos los tabúes que tienes sobre el sexo.

IDEAS ERRÓNEAS SOBRE EL SEXO QUE IMPACTAN EN TU AUTOESTIMA

El hombre tiene que durar tanto como la mujer necesite, o es eyaculador precoz **No!**

Para que una mujer quede satisfecha tiene que tener un orgasmo vaginal **No!**

El hombre es responsable de que la mujer llegue al orgasmo **No!**

El tamaño del pene está directamente relacionado al placer que obtiene la mujer **No!**

Las mujeres no se deben de masturbar **No!**

Las mujeres que tienen más apetito sexual son sucias **No!**

A partir de una edad no debes de pensar en sexo y menos practicarlo **No!**

A causa de estas ideas erróneas, estas son las autocríticas más **destructivas** que se hacen los **hombres**:

"La tengo pequeña."

"No voy a durar lo suficiente."

"¿Y si no consigo una erección?"

"Me falta experiencia para satisfacerla."

Estas son las autocríticas más **destructivas** que se hacen las **mujeres**:

"Si no accedo a todo, se va a ir con otra."

"Tengo que llegar al orgasmo como en las películas."

*"Si no tengo cascadas orgásmicas, entonces
no le va a gustar."*

"No puedo mostrar mi trasero, tengo mucha celulitis."

"Si hago eso pensará que soy una puta. "

La realidad sobre las relaciones sexuales nunca ha estado tan manipulada como ahora, con el fin de que compremos cosas. A los 15 años hablan del miedo a la eyaculación precoz y la pastilla que hay para remediarla. A los 30 nos dicen que si no duramos horas, no somos lo suficientemente hombres y necesitamos comprar fármacos para durar más. Y a los 40 les dicen a los hombres que se están acercando a la andropausia y que deben tomar hormonas o comprar fármacos para la disfunción eréctil. Es numerosa la cantidad de estupideces que llega a decir la gente sin escrúpulos con el objetivo de atacar al hombre en la parte en la que es más vulnerable, su virilidad.

No es necesario durar horas, incluso ¡nos puede llegar a doler! Muchos hombres han padecido eyaculación precoz hasta que se aprenden a controlar. A partir de los 40, un hombre puede entrar en su etapa de mejor desempeño sexual, ya que tiene más control y no tiene un exceso de apetito que lo apresura y le impide "saborear" la relación. Si el hombre a los 50 está sano, puede ser un perfecto amante, pero los hombres "inseguritos están mejor manipuladitos".

¿Y si teníamos una buena autoestima sexual pero nuestra pareja nos la quitó?

Si tu pareja te quitó la autoestima sexual es porque no la tenías tan sólida como tú piensas. Todos vamos a tener un mal encuentro sexual, pero curiosamente la gran mayoría de los hombres toma la responsabilidad de que el éxito y el placer de la relación sexual depende de ellos.

Las experiencias no tan placenteras, que no son fracasos, en el caso de los hombres, suelen estar asociadas a su corta duración, tener eyaculación precoz o perder la erección. Lo único que nunca falla es el vibrador, bueno también, ¡cuando se le acaba la batería!

La clave está en cómo se analiza ese acontecimiento. Si el hombre en vez de parar el acto sexual y decir "soy un fracasado" o "es la primera vez que me pasa", decide estimular oralmente a su pareja, incluso puede ser más divertido. Pero también es cierto que muchas mujeres dilapidan la autoestima sexual de su pareja.

Estas frases son las más **destructivas** que se pueden utilizar:

"Qué lástima que no me pudiste hacer llegar."

"No la tienes pequeña, pero mis otras parejas estaban mejor dotadas."

"¿Otra vez te volvió a pasar?"

"Duras tan poco…"

 # AUTOESTIMA VITAL

Habrá quien no comulgue con este término, pero personalmente creo que es una forma de llamar a la valoración interna de qué esperar de la vida y cómo disfrutarla. Esta idea tal vez no sorprenda a las personas que constantemente piensan que la vida está para sufrir y valorando así su existencia dejarán de saborear momentos de éxito y se quedarán clavados en recuerdos de dolor y sufrimiento, ya que eso es lo que "esperan de la vida".

Las personas con una autoestima vital baja minimizan los momentos de placer como "parte de la rutina" y maximizan los momentos de dolor, convirtiéndolos en sufrimiento crónico. Ese prisma de "la vida está hecha para sufrir" o "la vida es un asco", hace que perdamos todo gusto por las cosas bonitas.

> *"Creo que hay personas que tienen miedo, pero las cosas pueden ser distintas.*
> *En realidad, el mundo no es exactamente una mierda, aunque supongo que es duro para aquellos acostumbrados a que las cosas sean como son, aunque sean malas no quieren cambiarlas, se dan por vencidos y entonces se sienten... como perdidos."*
>
> PELÍCULA: CADENA DE FAVORES

Igual que desarrollamos el sentido del gusto y poco a poco nuestro paladar se vuelve sensible a sabores más sutiles y exquisitos, también podemos desarrollar un paladar por la vida, aprendiendo a degustar cada momento como único. Tan exquisito es un trozo de pan recién horneado como un plato muy elaborado; y lo mismo pasa con los pequeños momentos de la vida, tan maravilloso es tener una conversación con un extraño como lo es escalar el Himalaya.

Varios momentos excepcionales de nuestra vida no son premeditados, pero corresponden a un grado de ansiedad bajo, que hacen que nos entreguemos completamente a la experiencia que vivimos en ese instante.

La capacidad de sorprenderse es un indicador claro de personas con una autoestima vital alta. No es que no hayan vivido la experiencia, es que esa experiencia en ese momento es única. Nuestra capacidad de sorprendernos o emocionarnos como cuando éramos niños y cuando hicimos o vimos algo por primera vez, nos hace saborear más la vida.

Estos son los mensajes de tu **autosaboteador** existencial.

"Ya lo conocía yo."

"Lo tiene todo el mundo, no es tan especial."

"No es para tanto."

¿CÓMO SE FORMA LA AUTOESTIMA?

La niñez es la etapa más importante en la generación de una autoestima sana, pero no necesariamente se mantiene así toda la vida y ésta puede cambiar a lo largo de los años. Un acontecimiento traumático o analizado de manera errónea puede mermar tu autoestima, incluso dilapidarla por completo.

> *"Nunca dejes que nadie te diga que no puedes hacer algo, ni siquiera yo, ok. Si tienes un sueño, tienes que protegerlo y las personas que no son capaces de hacer algo te dirán que tú tampoco puedes. Si quieres algo, ve por ello y punto."*
>
> PELÍCULA: EN BUSCA DE LA FELICIDAD

¿Cómo influyen nuestros padres en nuestra autoestima?

Fuertemente. De niños interiorizamos los juicios de nuestros padres y los asumimos como nuestros de manera automática. Pero no sólo la valoración que tenemos de nosotros, sino también de todo lo que nos rodea.

Pero, ¿qué impacta más en nuestra autoestima de niños? Principalmente, la falta de cariño y el pensar que no nos aman o no nos aman lo suficiente.

Los padres son el vínculo más grande de reafirmación de la autoestima de un niño. Un niño aprende y arriesga porque sabe que sus padres están detrás por si se cae, sabe que lo protegen. Si un niño ha estado solo o se ha sentido solo, ese sentimiento de desprotección, de vacío, de miedo a que lo dejen, o de abandono, vivirá con él de por vida. Lamentablemente, a no ser que cure bien esa herida emocional, sus relaciones, sobre todo de pareja, serán más complejas al intentar impedir "el abandono" a toda costa.

Mensajes **positivos** que refuerzan la autoestima son:

"No salió esta vez, pero si lo intentas más veces lo conseguirás."

"Analiza qué puedes hacer mejor."

"Richard Brandson era disléxico y es uno de los hombres más exitosos del mundo."

Mensajes **negativos** que dilapidan la autoestima:

"¿Ves cómo no sirves para nada?"

"Eres tan torpe como tu padre."

"De todos los hermanos es el más tonto."

"La niña no es buena para las matemáticas."

¿Cómo mejorar mi autoestima baja?

Se han escrito muchas cosas sobre la autoestima, incluso se ha hecho popular la frase: "Tienes que subir tu autoestima." Si fuera tan fácil como subir escaleras, todos tendríamos una autoestima adecuada y más de la mitad de los traumas emocionales desaparecerían. Ser consciente de que se tiene una baja autoestima es importante, pero no es la solución.

Una vez que nuestra autoestima es tocada, volverla a enderezar puede llevar años. Además, un problema de autoestima tiene un efecto bola de nieve, empieza con una bolita pequeña y acaba en avalancha. Lo primero que debes hacer es valorar qué facetas de tu autoestima tienes más bajas.

Tu YO-SABOTEADOR es culpable de tu infelicidad

Todos tenemos una voz interior, ese yo que nos susurra al oído y está constantemente criticando. Juzga a los demás, pero sobre todo te juzga a ti. En cada reflexión que haces sobre ti mismo, ¡zas!, ahí está diciéndote que no eres lo suficiente, recordándote lo que te falta o todas las veces que has intentado algo y no ha funcionado. Esa voz interna, además, no tiene memoria histórica sino histérica, tiene la habilidad de recordar selectivamente aquellos acontecimientos de tu vida en los que fallaste y en los que sin jurado alguno quedó claro que tú tuviste la culpa.

¿Sabes cómo se llama esa voz? Yo-saboteador. Querrá entrar en tu vida, vendiéndote la idea de que desea lo mejor para ti, para cuidarte y advertirte de todos los peligros posibles. Por eso tiene que asegurarse de que conoces bien todas tus limitaciones, susurrándote al oído todo lo que no puedes hacer, envenenando tu cabeza con ideas distorsionadas sobre ti y finalmente diciéndote que ni intentes las cosas. Objetivo cumplido. ¡Ya se hizo el dueño de tu azotea! Sí, de tu cabeza.

Éstas son algunas de la frases que te susurra antes de que intentes las cosas:

"Cómo le vas a gustar, con lo gorda que estás."

"Para qué intentarlo si nunca fuiste buena estudiante."

"Siempre quiso más a tu hermano."

"Mejor no salgas a bailar, no sabes ese paso."

"Vas a decepcionarla en la cama."

Y esto es lo que te dice cuando te salen bien las cosas:

"Tuviste suerte, pasaste el examen, pero porque las preguntas han sido fáciles."

"Ganaste la carrera porque los demás eran muy lentos."

"Te dieron este puesto de trabajo porque eres guapa, no porque tengas el conocimiento. Tendrás que ser muy agradable con tu jefe."

"Te quiere porque no te conoce, si te conociera de verdad no te querría."

Y esto es lo que te dice cuando no te salen las cosas:

"¿Ves cómo tenía razón? Era inútil que lo intentaras."

"Hiciste el ridículo, mira cómo se ríen de ti."

"Te dije que no le interesabas, ¿lo ves? Te dijo que no le gustas. Te han vuelto a rechazar."

MI YO-SABOTEADOR

Cómo le vas a gustar con lo gorda que estás.

¿Ves como tenía razón? era inútil que lo intentaras.

Has tenido suerte, has pasado el exámen, pero porque las preguntas han sido fáciles.

Tu padre tenía razón, no sirves para estudiar.

NO PUEDES

Vas a decepcionarla en la cama.

Te quiere porque no te conoce, si te conociera de verdad no te querría

Mejor no salgas a bailar, no sabes ese paso.

Siempre quiso más a tu hermana.

Tu padre te lo decía, una mujer no sirve para hacer este trabajo.

Hiciste el ridículo, mira cómo se ríen de ti.

A veces, incluso te recuerda lo que personas cercanas como tus padres, expareja o profesor te dijeron en un momento de estrés:

"Tu padre te lo decía, una mujer no sirve para este trabajo."

"Tu padre tenía razón, no sirves para estudiar."

"Como te decía tu ex, nunca le diste placer."

"Ya te dijo tu profesora que lo tuyo no son las matemáticas."

¿Te vienen a la cabeza varios de estos pensamientos? ¡Tienes que deshacerte de tu Yo-saboteador!

CÓMO FORTALECER TU AUTOESTIMA, LAS CLAVES

Fortalecer tu autoestima es un proceso que no se logra en un día. Pero si aplicas en tu vida todos los días los siguientes puntos, es prácticamente imposible que tu autoestima no se sienta fortalecida, sobre todo en aquella área que tienes más debilitada.

PASOS PARA FORTALECER TU <u>AUTOESTIMA</u>

1. Destruye tu Yo-saboteador y recupera tu Yo-compasivo.

2. No te compares.

3. Agradece.

4. Rodéate de gente que te quiere.

5. Respétate.

6. ¡Para de criticarte!

7. Sé tierno (o compasivo) contigo, ¡abrázate muy fuerte!

- ## Primero. Destruye tu Yo-saboteador y recupera tu Yo-compasivo

  Definitivamente, si tu Yo-saboteador o *saboteitor* se instala en tu vida, es porque alguien te falta y no es un amante de telenovela (¡de momento, al menos!). Necesitas un aliado, alguien que te ayude a construir, que te abrace y cuide; ese es tu Yo-compasivo. Cada vez que el Yo-saboteador aparezca en tu vida, no te calles, rétalo. Si tu Yo-saboteador te dice: "Nunca has sido bueno para las cuentas", tu Yo-compasivo debe responder, "¿cuántas veces has intentado hacer una suma más de cinco veces? ¡¡¡Nunca te has dado la oportunidad!!!" Simplemente, deja a tu Yo-compasivo que haga el trabajo. Por cada mensaje mata ilusiones de tu *saboteitor*, tu Yo-compasivo creará un mensaje que lo rete a pensar justo lo contrario, por ejemplo: "¿Qué puedes perder por intentarlo? ¿Te vas a quedar con las ganas de tener una oportunidad?"

  Ya aprendiste a neutralizar esos mensajes negativos con mensajes positivos sobre ti, ¡esto sólo es el principio! Ahora, empieza también a trabajar en estos aspectos.

- ## Segundo. No te compares

  Cuando nos comparamos con otros, nuestra atención selectiva se va directamente a aquello que no tenemos. ¿Resultado? Acabamos sintiéndonos peor con nosotros mismos. Hay quien cree que para tener una autoestima adecuada tenemos que ser mejor que el resto y consecuentemente el resto tiene que estar por debajo de nosotros.

- ### Tercero. Agradece

  Para fortalecer tu autoestima lo primero que debes hacer es agradecer las cosas y virtudes que sí tienes en tu vida. Escribe en una hoja todas las cosas, habilidades o características que te gusten de ti. Es importante que las escribas, con decírtelas a ti mismo no es suficiente. Cuando escribes, prestas más atención y tu cerebro procesa la información de dos formas distintas, eso hace que las ideas se graben mejor. Con ello consigues que estos mensajes positivos se consoliden y tu Yo-saboteador prepare las maletas para irse ¡definitivamente!

  Agradece todos los días lo que tienes y tus logros. Repítelo y escríbelo.

  Acepta todos los cumplidos con agradecimiento. Cuando te hacen un cumplido o un halago y no lo agradeces o le quitas valor, impacta negativamente en tu autoestima. No le estás dando el mismo peso a las cosas buenas que a las cosas malas.

- ### Cuarto. Rodéate de gente que te quiere

  Júntate con personas que te valoren. Nada baja más la autoestima que asociarte con gente que te hace sentir mal por lo que no tienes o por lo que te envidian. Curiosamente, hay personas con baja autoestima que se acercan más a quienes lo rechazan buscando su constante aprobación. Rompe con esto y aléjate de ellos, no te expongas a sus ataques gratuitos y rodéate de personas que te quieran tal y como eres.

- Quinto. Respétate

  La gente no te respetará por lo que eres hasta que tú no te respetes. Ten claros tus valores y sé leal a ellos, éstos te recuerdan en los momentos de debilidad quién eres y te dan fuerza. Y recuerda, quienes más te atacan puede ser porque envidien algo que tú tienes y ellos no.

- Sexto. ¡Para de criticarte!

  Hay gente que siempre se está criticando, en parte porque piensa que es la mejor manera de motivarse para hacer cosas. Cuando nos criticamos, ponemos nuestro cerebro en alerta, nos sentimos atacados aunque sea por nosotros y estamos activando nuestro cerebro reptiliano. Esto hace que el sistema nervioso libere adrenalina y cortisol, lo que nos prepara para luchar o huir. Sin darnos cuenta, estamos generando dinámicas ansiosas que no nos llevan a ningún sitio.

- Séptimo. Sé tierno (o compasivo) contigo, ¡abrázate muy fuerte!

  Si eres de los que piensan que el amor y la paz es sólo para los hippies, aquí te doy razones científicas que demuestran por qué es importante que seas compasivo contigo. El sistema de cuidados de los mamíferos hace que las crías busquen el calor y los abrazos de la madre. Estamos programados para recibir el afecto y la seguridad a través de los abrazos.

  Cuando somos autocompasivos, reducimos cortisol, (la causante del estrés) además de liberar oxitocina y opiáceos, ambos químicos nos hacen sentir bien y nos predisponen positivamente. Si callas la voz del Yo-saboteador y dejas a tu Yo-compasivo abrazarte, darte ánimos, tomar la experiencia positiva, se generará un estado de bienestar y se liberarán más fácilmente esos químicos que te harán sentir bien y te ayudarán a aprender mejor las cosas.

- ## Octavo. Saca la palabra "perfecto" de tu vida

    Adoramos lo perfecto. Buscamos cuerpos perfectos, caras perfectas, adoramos al becerro de oro de la belleza física perfecta y pensamos que si somos así nos van a querer más. Pero esto está lejos de la realidad. Las grandes amistades tienen un momento crítico en su formación, cuando se cuenta una debilidad o un secreto en el que alguno se muestra vulnerable e imperfecto a los ojos del otro. Quizá sea porque lo que nosotros creemos que son nuestras imperfecciones son precisamente lo que nos hace únicos.

¿A QUIÉN LE INTERESA QUE TENGAS UNA AUTOESTIMA BAJA?

Podemos decir que hay una teoría de la conspiración pero ni los que la crean son conscientes de que ellos mismos son víctimas de esta dinámica enfermiza. Nuestra sociedad está basada en el consumo constante. ¿Cómo podemos asegurarnos de vender todo el tiempo? Creando necesidades. ¿Y cómo te las crean? Atacando tus inseguridades, tus debilidades y buscando como aliado a tu Yo-saboteador, el cual reafirmará eso que te falta para que tomes la decisión de comprar aquello que necesitas para solucionar tu problema.

La próxima vez que veas un anuncio reflexiona, ¿te está diciendo que para que te quieran tienes que ser como la imagen de esa modelo *photoshopeada* que no existe? Mira la foto de la portada, ¿soy yo? Sí pero no, esta foto ha sido maravillosamente intervenida por Jennika Kane y salvo la mirada, cualquier parecido con la realidad es pura casualidad. La publicidad utiliza el cuerpo de los modelos como apoyo para crear una irrealidad con el fin de que la veamos como real. Estos son los mejores ejemplos que tu Yo-saboteador utiliza para recordarte que nunca serás lo suficiente.

La edad también se ha vuelto un arma para atacar nuestra autoestima. Nos dicen que ya no somos tan perfectos como cuando teníamos 20 años e interiorizamos que por eso nos va a costar más trabajo que nos amen.

LA ANSIEDAD, ¿TAN MALA COMO DICEN?

Si combinamos una baja autoestima con ansiedad, podemos tener el cóctel perfecto del sufrimiento. Una de las grandes amenazas para nuestro bienestar mental y físico es la ansiedad. Pero ésta no es siempre algo negativo, en ocasiones, cierto nivel de ansiedad puede ser beneficioso, pues nos prepara para prestar más atención

El problema es cuando la ansiedad se adueña de nuestro cuerpo y nuestra vida hasta convertirse en una enfermedad. ¿Lo has pensado alguna vez? ¿Tienes una personalidad con tendencia a la ansiedad? ¿Crees incluso que ya estás sufriendo un trastorno de ansiedad? Y por cierto, si estás pensando que ansiedad es lo mismo que estrés, la respuesta es no, pero están tan relacionados y tan difundidos, que muchos los utilizan indistintamente.

 ## ANSIEDAD Y ESTRÉS ¿SON LO MISMO?

Están muy relacionados, incluso muchas personas utilizan el término "estoy estresado" cuando en verdad están ansiosos. El estrés es un estado de activación física y mental ante una situación externa claramente identificada, que consideramos arriesgada o amenazante. Nuestro cuerpo se prepara para dirigir su atención hacia el peligro y llevar a cabo una acción de defensa o huida, según sea necesario. Ante esta situación, nuestras glándulas liberan adrenalina, también llamada epinefrina haciendo que el corazón se acelere, la presión

Examen

Evento importante

ESTRÉS

Situación
amenazante

Cambio de
trabajo

La causa está asociada
a un EVENTO específico

arterial aumente, los músculos se tensen por si tenemos que huir o luchar, y nuestras pupilas se dilatan, ¿para qué? Para tener más información visual y capacidad de reacción inmediata ante esta situación. Cuando el detonante del peligro desaparece, el estrés también lo hace y tu cuerpo vuelve a un estado de relajamiento.

¿QUÉ ES EXACTAMENTE LA ANSIEDAD?

La ansiedad es una respuesta emocional y fisiológica de alerta ante una causa cuyo origen no está claramente identificado y radica en nuestra cabeza. Básicamente, cuando estamos ante una situación de ansiedad, nuestra activación fisiológica y emocional es parecida a la que sucede cuando nos estresamos.

Pero, ¿cuál es la diferencia? Que la ansiedad surge frente a una situación amenazante que no tenemos bien identificada y que incluso podemos sólo imaginar. En definitiva, el detonante es nuestro propio pensamiento. Mientras el estrés desaparece cuando el "peligro" ya no está, la ansiedad no se desactiva tan fácilmente. Nuestra mente sigue preocupada por "algo", ya que no sabemos concretamente qué nos la produce. Si el estrés sigue cuando el elemento estresante desaparece, entonces estaríamos hablando de ansiedad. Probablemente por eso muchas veces nos referimos a estrés y ansiedad indistintamente. La etiqueta no es tan importante, como sí lo es saber delimitar qué situaciones son en verdad amenazantes y en cuáles te estás inventando la amenaza o la magnificas.

¿Cuándo se vuelve algo negativo la ansiedad?

Un cierto grado de ansiedad no es necesariamente negativo, pues nos prepara para el peligro, nos mantiene en alerta. Piensa por ejemplo, en el día de un examen. Tienes que estar atento no sólo para responderlo, sino para asegurarte de que encuentras la clase, que traes todos los materiales, etcétera. Ese estado de ansiedad moderado te ayuda. Pero cuando se sufre de manera prolongada, podemos desarrollar desde una personalidad ansiosa que nos "autosabotea" constantemente, hasta trastornos de ansiedad como fobias o incluso enfermedades físicas asociadas.

La gente con una personalidad ansiosa tiende a padecer más enfermedades como catarros, asma, alergias, gastritis, etcétera, y de manera más frecuente. Quienes se quejan de su mala salud o sufren de forma persistente infecciones como herpes labial (conocido también como fuego labial o calenturas), problemas gástricos, cefaleas tensionales, etcétera, pueden estar experimentando las consecuencias de un exceso de ansiedad.

Lo primero que debemos tener en cuenta es que hay diversos grados de ansiedad. Todos podemos pasar por momentos en que sentimos ansiedad, pero si tenemos una personalidad ansiosa, nos colocamos en el primer lugar de la fila para sufrir una enfermedad física, ataques de pánico, fobias, depresión o cualquier otro trastorno de ansiedad.

¿POR QUÉ TENEMOS ANSIEDAD Y LOS ANIMALES NO?

Porque no vivimos en el aquí y el ahora como ellos hacen. Nos preocupamos excesivamente por los "probables" eventos desafortunados, por lo que nos pueda pasar. Podemos culpar de esto a nuestro cerebro, concretamente al área de la corteza prefrontal. Como ya sabes, esta parte mucho más desarrollada en el "primate humano" se encarga de prepararnos para futuras contingencias y para responder y sobrevivir ante eventos inesperados. ¿Qué ocurre? Que algo que podría ser bueno puede volverse en nuestra contra. En una realidad tan compleja como en la que vivimos, empieza a crear un exceso de situaciones amenazantes que ponen en constante estado de alerta a nuestro cuerpo y terminan agotándolo.

Curiosamente, las mujeres tenemos más desarrollada esta área del cerebro y hace que nosotras nos preocupemos más por el futuro que los hombres. La maternidad implica vivir preparada para criar hijos y que no les pase nada malo. Por lo que nos hace vivir más activas y despiertas para prevenir cualquier evento negativo que afecte a nuestra descendencia. En consecuencia, las mujeres padecemos más ansiedad.

¿CÓMO IMPACTA LA ANSIEDAD EN TU VIDA DIARIA?

¿Cómo es la mente de un ansioso?

La ansiedad actúa como si fuera una lupa selectiva. Magnifica y saca de proporción los eventos amenazantes o encuentra peligro en situaciones neutras. El ansioso busca cualquier

- Necesitan tener siempre el control.

  Para que algo salga bien, necesitan tener control absoluto sobre las cosas, de lo contrario existe la posibilidad de que salga mal. Les cuesta confiar o delegar el control de cualquier actividad y acaban haciéndolo todo ellos.

- Tienen problemas de concentración.

  Como están pensando continuamente en todo lo que puede salir mal y por tanto, viven en continuo estado de alerta, esto les impide centrarse en la actividad que realizan en determinado momento. Vivir en estado de ansiedad también causa problemas de aprendizaje e impacta en la memoria a corto plazo.

- Son hipersensibles a cualquier estado de alarma.

  Se sobresaltan con cualquier ruido o movimiento brusco, y un susto, aunque sea una broma, puede producirles espanto hasta el punto de tener palpitaciones y posteriormente enfadarse.

- Son perfeccionistas y normalmente más autocríticos que el resto.

  Tienden a juzgarse mucho y ser demasiado exigentes con ellos mismos.

- Tienen mayor nivel de creatividad.

  Si bien no es una regla de oro, lo cierto es que las personas con ansiedad poseen un nivel de creatividad más elevado y tienden a utilizarlo para crear escenarios tremendistas sobre eventos futuros. Los imaginan con tal detalle y exageran tanto los aspectos negativos, que se sugestionan y crean un mayor nivel de ansiedad, incluso antes de vivir esa situación específica.

- Pensamientos repetitivos negativos sobre sí mismos.

Normalmente son personas con una autoestima baja y tienden a repetir pensamientos negativos sobre ellos mismos y las situaciones a las que se van a enfrentar como: "Seguro que no le gusto", o "no soy tan atractivo como el resto". En muchos casos se consuma la profecía autocumplida, ya que llegan con tal estado de ansiedad y tan negativos ante cierta situación, que obviamente fracasan.

- Tienden a pensar siempre en "el peor de los casos".

En vez de alistarse para el éxito, se preparan para que algo salga mal. Suelen percibir las situaciones como amenazas y no como un reto, por lo que no disfrutan de la mayoría de las actividades que llevan a cabo.

- Tienden a ser absolutos.

Buscan que algo sea completamente cierto y completamente seguro, de lo contrario lo ven como una amenaza. Si les dices que hay 95 por ciento de probabilidades de que algo salga bien, piensan en ese 5 por ciento restante. A no ser que una situación esté controlada 100 por ciento, lo que no pasa casi nunca, sus niveles de ansiedad serán muy altos.

gesto, cualquier movimiento brusco y lo procesa como amenaza, con lo que activa el mecanismo de ataque o huida.

Te pongo un caso práctico: si invitas a un amigo ansioso a una fiesta en la que no conoce a los demás, puede estar hablando contigo pero a la vez buscando información amenazante a su alrededor. Desde si la fiesta es al aire libre y hay insectos que le pueden picar o provocar una alergia, hasta si alguien lo observa con cara de asombro, interpretando este tipo de mirada como desafiante o como: "¿Qué no le ha gustado de mí?" En resumen, mientras charla contigo estará buscando el control para protegerse o atacar ante amenazas que crea o magnifica en su cabeza.

 ## ¿QUÉ TIPO DE PERSONALIDAD ES MÁS PROPENSA A SUFRIR UN TRASTORNO DE ANSIEDAD?

Salvo las personas con un trastorno de estrés postraumático que han sufrido un evento desgraciado fortuito, existe un tipo de personalidad que tiene mayor tendencia a padecer ansiedad. Esto radica, sobre todo, en su forma de pensar.

A continuación, veremos los principales rasgos de personalidad de alguien ansioso. Si te identificas con más de dos, quizá tengas tendencia a padecer ansiedad.

Principales rasgos de una personalidad ansiosa

- Tienden a ver todo como una amenaza.

  Cualquier cosa o situación se puede volver peligrosa para ellos. Si están en la calle piensan que pueden ser atropellados, y si están en casa creen que puede temblar y morir bajo los escombros.

¿Estaré enfermo?

¿Y si ya no me quiere?

Son demasiadas cosas para acabarlas a tiempo.

¿Y si los míos tienen un accidente?

¿Seré mejor que su "ex" en la cama?

PENSAMIENTOS DE UNA PERSONA ANSIOSA

RELACIÓN ENTRE PENSAMIENTOS Y ANSIEDAD

Pensamientos amenazantes

Se percibe como
AMENAZA o PELIGRO.
¡Me puede pasar a mí!

Activación física / Conductas

ANSIEDAD

En definitiva, el principal problema que tiene una persona ansiosa son sus pensamientos. En ellos magnifican las situaciones amenazantes que tiene la vida o se imaginan una cascada de consecuencias negativas y tremendas, que si bien son posibles, la probabilidad de que se produzcan es muy baja. Convencerlos de lo contrario es difícil, sobre todo en sociedades como la nuestra en la que lo único que es noticia es la desgracia. Los medios arrojan constantemente escenarios de tragedias que la persona ansiosa utiliza para justificar y reforzar todos los pensamientos amenazantes.

¿Es más agresiva la gente ansiosa?

Sí, la mayoría de las personas ansiosas tienden a ser más agresivas porque están activadas para responder en cualquier momento. Pueden atacar tanto verbal como físicamente, y los grados de agresividad pueden variar desde tirar un objeto hasta dañar a alguien.

En las grandes urbes, el grado de ansiedad es muy alto. No hace falta más que observar cuando la gente va en coche. Utilizan el claxon no para avisar de un peligro, sino para agredir cuando alguien tarda más de lo normal. Lanzan miradas desafiantes, gritan, incluso amenazan físicamente, acercándose más de la cuenta al otro coche y buscando pelea. Normalmente, el detonante es tan insignificante que si no estás ansioso, no lo percibes o lo ignoras; pero si ya estás con todo tu cargamento de balas emocionales listo para disparar, cualquier situación es buena.

Justo ésta es una de las razones por las que el uso de armas de fuego no tendría que estar permitido. El trastorno explosivo intermitente hace que una persona en un estado ansioso pueda recurrir a un arma en una situación estresante.

TRASTORNO EXPLOSIVO INTERMITENTE

Frustración

Pequeño conflict

En

Gente con personalidad ansiosa puede padecer el trastorno explosivo intermitente, caracterizado por ataques explosivos de ira y agresividad que no se pueden controlar y que son desproporcionados respecto al evento que los causó.

 ## Consecuencias de la ansiedad en el trabajo

El trabajo es una de las principales causas de ansiedad. El miedo a ser despedidos, a no ser reconocidos, a no cumplir a tiempo, a no hacer las cosas suficientemente bien, o simplemente la sensación de no poder con nuestro trabajo, son ideas que rondan en la cabeza de las personas que tienen ansiedad laboral.

> *"¿Qué diría usted si yo contratara a una persona que se presenta a una entrevista sin camisa?*
> *Pues pensaría que debía llevar unos pantalones magníficos."*
> PELÍCULA: EN BUSCA DE LA FELICIDAD

Hay trabajos y empresas que generan ambientes ansiosos. La relación con los jefes y superiores también impacta en el nivel de ansiedad de los empleados. Los jefes que son impredecibles, que no tienen claro un sistema de incentivos ni de motivación, que critican en vez de opinar y piden objetivos irrealizables, pueden provocar trastornos de ansiedad en sus empleados, si ellos lo permiten. Siempre hay una opción para escapar de esa dinámica tóxica.

En países como Japón, hay gente que muere por exceso de trabajo asociado a la ansiedad. Incluso tienen un término para ello, *karoshi*. La gente fallece a consecuencia de un ataque al corazón producido por un exceso de ansiedad. Las personas cada vez tienen una carga de trabajo mayor y sobre todo, de preocupaciones asociadas a esa carga.

INDICADORES DE ANSIEDAD EN EL TRABAJO

- Piensas todo el tiempo que puedes perder tu trabajo.

- Estás constantemente analizando o pensando lo que dice tu jefe o colegas.

- Se te hace un nudo en el estómago cuando ves un correo de tu jefe.

- Trabajas los fines de semana, nunca te da tiempo de terminar tu trabajo.

- Tienes pesadillas con tu trabajo.

- Sientes a tus colegas como adversarios y no como un punto de apoyo.

- Tu jefe o clientes tienen acceso a ti 24 horas. No puedes desconectarte del teléfono.

CONSECUENCIAS DE TU ANSIEDAD CON LOS HIJOS

El trabajo, el jefe, el no llegar a fin de mes, el no tener todo a tiempo, son demasiados estados de alerta percibidos como peligrosos. Esto hace que cuando algunos padres regresan a casa reaccionen desproporcionadamente ante una travesura de sus hijos. Algunos sólo llegan a los gritos, pero otros van del maltrato psicológico al maltrato físico.

Razones injustificables como "no paraba de llorar", "desordenó toda la casa" o "rompió una ventana con la pelota", son usadas con la policía para "explicar" arrebatos de agresividad en contra de los menores. Comentarios agresivos que muchas veces se dicen sin pensar, como "pareces tonto" o "no sirves para nada", afectan profundamente en el desarrollo de la autoestima de los hijos.

¿CÓMO IMPACTA LA ANSIEDAD EN NUESTRO APRENDIZAJE?

Está comprobado que las personas con niveles de ansiedad constantes tienen una menor capacidad de retención y de memoria. Para recordar algo bien, es necesario concentrarnos en lo que estamos tratando de aprender, pero estamos pensando continuamente en otras cosas más amenazantes. Una persona ansiosa raramente estará presente al 100 por ciento, su mente divaga en las preocupaciones, por lo que es prácticamente imposible que se concentre. Gran parte de su atención se enfoca en la búsqueda de estímulos amenazantes.

Cuando aprendemos, no sólo estamos centrados en lo que nos dicen, sino que toda la información alrededor nos permite afianzar mejor los recuerdos. Si te paras a pensar en un momento maravilloso de tu vida, te acordarás desde con quién estabas, a qué olía, si hacía sol, etcétera. Todo ese sinfín de detalles te ayudan a consolidar esos recuerdos además de permitirte evocarlos con facilidad.

Los pensamientos de las personas ansiosas están ocupados en posibles amenazas, por lo que construyen recuerdos menos intensos de experiencias positivas. Por muy bueno que sea el momento, hay una parte de ellos que no se entrega a la vivencia y sigue en estado de alerta. Su memoria es selectiva y suele desviarse hacia los eventos negativos.

¿Cómo impacta la ansiedad en nuestra vida de pareja?

Una fuente de ansiedad muy importante suele ser nuestra relación de pareja. El miedo a perderla o a que se vaya con otra persona hace que comience a girar la ruleta de ideas irracionales y salte la alarma alertándonos ante la idea de perder al amor de nuestra vida. Si a eso le sumamos que la pareja puede estar presionada por aspectos de su propia cotidianeidad como el trabajo, un simple "no" puede asociarse con, o interpretarse como, un "no te quiero".

La baja autoestima es un gran aliado en la creación de ideas irracionales sobre el abandono. En una relación de pareja es fácil que los malos augurios del ansioso se cumplan y se concrete la profecía temida: que la pareja los acabe dejando, por intentar controlarla.

Impacto de la ansiedad en la sexualidad

La ansiedad impacta de manera dramática en el desempeño sexual. Nuestro cuerpo deja claro que el instinto de supervivencia tiene prioridad sobre el de reproducción. Cuando estamos ansiosos, le mandamos señales al resto del organismo, indicándole que hay un peligro, que lo más importante es sobrevivir. Nuestro cuerpo decide que la prioridad no es reproducirse, por lo que la actividad sexual se reduce al mínimo. Lo primero que empeora es nuestro apetito sexual y lo segundo, la capacidad de fantasear. Nuestro principal órgano sexual, el cerebro, no tiene energía ni ganas para crear esas imágenes mentales que componen las fantasías y por consiguiente, no detona la cascada de deseo que es la que da comienzo a la relación sexual.

¿Cómo impacta la ansiedad en el desempeño sexual?

Una relación sexual es un momento especialmente estresante para los hombres. El miedo a ser evaluados, a no cumplir, los hace especialmente vulnerables a sufrir de ansiedad. Hay un tipo de ansiedad que puede impactar de forma muy negativa en ellos, la ansiedad anticipatoria. Ésta se produce por miedo a no cumplir las expectativas de la pareja. La presión por fallar es tal que pueden llegar a padecer disfunción eréctil, es decir, el pene no alcanza la erección o el grado de erección no es suficiente para mantener una relación satisfactoria.

Otra consecuencia negativa de la ansiedad es la eyaculación retardada, consiste en que el hombre tarda demasiado en eyacular. Muchos hombres que no consiguen finalizar el coito comienzan a desarrollar ansiedad ante una relación sexual. Se obsesionan y temen no cumplir. Si te pasa con frecuencia, acude al especialista. Lo que nunca debes hacer es automedicarte. La necesidad de llevar la "pastilla" y no olvidarla también puede generar ansiedad.

La falta de apetito sexual es un indicador tan claro de exceso de ansiedad, que en ocasiones muchos sexólogos recomiendan a las parejas simplemente unas vacaciones en las que puedan desconectarse de sus pensamientos y en las que estén bien comidos y bien dormidos. Desconectarte completamente y relajarte hace milagros en tu vida sexual.

Si la ansiedad se vuelve enfermedad o trastorno, el sexo puede formar parte de un trastorno obsesivo-compulsivo (TOC) o incluso de una fobia; y aunque siempre es recomendable acudir a un especialista, en estos casos es vital.

¿CÓMO IMPACTA LA ANSIEDAD EN NUESTRA SALUD FÍSICA?

Cada vez son más los estudios que asocian la ansiedad a padecimientos físicos. Un estado constante de ansiedad agota nuestro sistema inmune, el que nos protege de las enfermedades. ¿Te ha pasado que después de una situación muy difícil te enfermas? ¿Te parece extraño? Merece la pena mencionar que cuando tenemos ansiedad, nuestras glándulas suprarrenales liberan cortisol, la hormona que nos prepara para la acción, ayudando a liberar azúcar en la sangre. Éste es un mecanismo que tiene tu cuerpo, pero cuando la amenaza ha desaparecido y tu organismo deja de estar en alerta, aparece la debilidad acumulada y tu sistema inmune, que pudo con esa "batalla emocional", está tan débil que no tiene fuerzas para luchar con otras infecciones. Las personas que tienen herpes labial, fuegos o calenturas, tienden a padecer un brote después de un estado de ansiedad prolongado. El virus que está latente en el cuerpo aprovecha la debilidad del sistema inmune para emerger con mayor fuerza.

También está comprobada la asociación entre ansiedad y problemas cardiovasculares, incluidos ataques al corazón e hipertensión.

Los dolores de cabeza, cefaleas tensionales o dolores de espalda, también pueden ser causados por niveles altos de ansiedad. Cuando estamos ansiosos, nuestros músculos tienden

IMPACTO DE LA ANSIEDAD EN NUESTRA SALUD

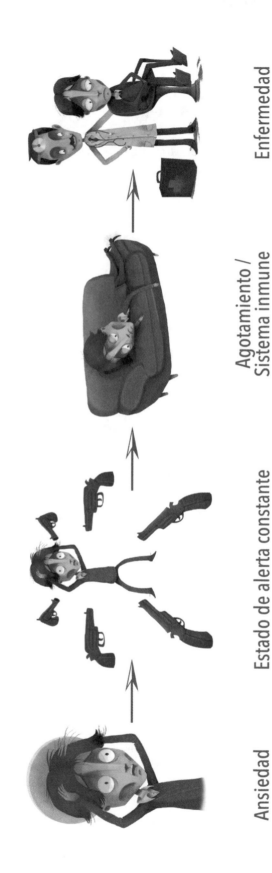

Ansiedad

Estado de alerta constante

Agotamiento /
Sistema inmune

Enfermedad

a contraerse, presionando nervios o permaneciendo rígidos durante mucho tiempo.

¿Quién no ha oído decir, "tengo mariposas en el estómago" o "se me hizo un nudo en el estómago"? Nuestro estómago está fuertemente conectado con nuestras emociones y nuestro sistema de huida, defensa o ataque. Cuando siente que hay algún peligro se cierra y en ocasiones abre esfínteres, para sentirse más ligero y así lidiar mejor con esa situación amenazante. De ahí que haya gente que padece diarrea cuando se pone nerviosa. Esto es una respuesta física a un estado emocional.

¿QUÉ SITUACIONES TE LLEVAN A PADECER UN TRASTORNO DE ANSIEDAD?

No sólo son responsables nuestras ideas negativas, además hay un tipo de pensamiento que también puede hacernos daño y cada vez lo adopta más gente que dice ser "exitosa". Es el modelo de supermán o "supermana". O lo que es lo mismo el "yo puedo con todo". Para ellos, el fin justifica los medios, por lo que ignoran las necesidades de su cuerpo con el propósito de conseguir sus objetivos profesionales y de reconocimiento. Lo peor es que, como una vez lo hicieron y funcionó, se vuelve un patrón de comportamiento, un hábito. De manera mecánica se privan de sueño, de comer sano, se llenan de actividades, que a su parecer, son todas importantes, convirtiéndose en una bomba de ansiedad.

Los medios están ayudando al desarrollo de este prototipo de persona desconectada de su cuerpo. Todo "lo puede". No importa si en el camino bloquea sus emociones o su cuerpo, con tal de conseguir su meta. Como ejemplo está el anuncio de una marca que dice: "No hay nada imposible".

Puede que no lo haya, pero el precio emocional y físico que pagamos por alcanzar el objetivo puede ser nuestra salud.

Uno de los principales efectos de querer ser "superma-nes", al excedernos en el trabajo, privándonos de dormir o no alimentándonos correctamente, es que nos dé un ataque de pánico. Nuestro sistema deja de funcionar por un exceso de información que consideramos toda relevante. Es como si fuéramos una computadora con muchos documentos abiertos a la vez y que ha estado encendida por horas. Al final se "crashea" y deja de funcionar.

¿Quieres conseguir que alguien se vuelva ansioso?

No deseo que utilices estos pasos en otras personas, pero sí que seas consciente de que si haces lo que aparece a continuación, prácticamente tendrás todos los números para que te toque la lotería de la ansiedad.

Seis pasos para volver a alguien ansioso:

- Hazlo pensar constantemente en cosas negativas.

- Quítale horas de sueño de una manera gradual; él no se dará cuenta pero poco a poco su cuerpo le pasará factura y estará irritado por cualquier cosa.

- Dale cada vez más tareas, hasta que llegue un día en que al levantarse de la cama piense, "24 horas no son suficiente para acabar todas mis actividades".

- Dale muchas sustancias excitantes; café, bebidas de cola, tabaco y alcohol.

- Que no practique ningún deporte; si hacía alguno, consigue que sacrifique esas horas de ejercicio por más tiempo productivo de trabajo.

- Que no desconecte su teléfono por las noches, ni los fines de semana; hay que lograr que esté en estado de alerta hasta en sus sueños. Poco a poco conseguirás que cualquier sonido lo despierte.

¿QUÉ PASA CUANDO LA ANSIEDAD SE VUELVE UN TRASTORNO?

Hasta ahora, sin ser muy técnicos, hemos hablado de ansiedad negativa pero no patológica. No todos tenemos que llegar a padecer un trastorno de ansiedad para que nuestra vida quede fuertemente impactada por la ansiedad. Ataques de pánico, agorafobia, claustrofobia, son padecimientos con los que desgraciadamente mucha gente lidia sin acudir al especialista.

Según el DSM-V (Manual Diagnóstico y Estadístico de los Trastornos Mentales, por sus siglas en inglés), el manual que los psiquiatras y algunos psicólogos utilizan, existen doce tipos distintos de trastornos de ansiedad. Si ya te identificaste como una persona ansiosa, enfermarte físicamente o presentar uno de estos trastornos podría ser el siguiente paso.

Clasificación de los Trastornos de Ansiedad

- Mutismo selectivo
- Inducido por sustancias
- Por enfermedad médica
- Ataque de pánico específico
- No específico
- Trastorno de pánico
- Fobia específica
- Agorafobia
- Ansiedad social generalizada (Fobia social)

- Trastorno de ansiedad por separación
- Trastorno de ansiedad generalizada
- Trastorno de ansiedad específico

Fobias

Experimentar temor o miedo en ocasiones, es natural y necesario para sobrevivir. Cuando ese miedo se vuelve desproporcionado al grado de paralizarnos o quitarnos libertad, llevándonos a evitar determinadas situaciones con el fin de no enfrentarlo, estamos hablando de una fobia.

La gente que padece fobias, además de ese terror, sufre síntomas físicos como temblores, palpitaciones, sudoración excesiva, falta de aire, inquietud o ganas de salir corriendo. Las fobias son trastornos de ansiedad y hay distintos tipos.

Las específicas se producen cuando aquello a lo que tememos está claramente identificado y en las no específicas, como la fobia social o agorafobia es más difícil identificar el detonante de la ansiedad. El tratamiento para las fobias específicas es relativamente sencillo, pues consiste en la desensibilización sistemática. Esto significa que gradualmente y apoyado por la psicoterapia, te vas acercando al objeto de la fobia. Las fobias específicas más comunes son a los roedores o las arañas pero, al igual que las filias, prácticamente se puede tener fobia a todo.

Aunque el DSM-V ya no engloba dentro de los trastornos de ansiedad a los Trastornos Obsesivos Compulsivos (TOC) ni al trastorno de estrés postraumático, ambos padecimientos tienen un componente muy importante de ansiedad. De ellos vamos a hablar brevemente.

A QUÉ PODEMOS TENER FOBIA

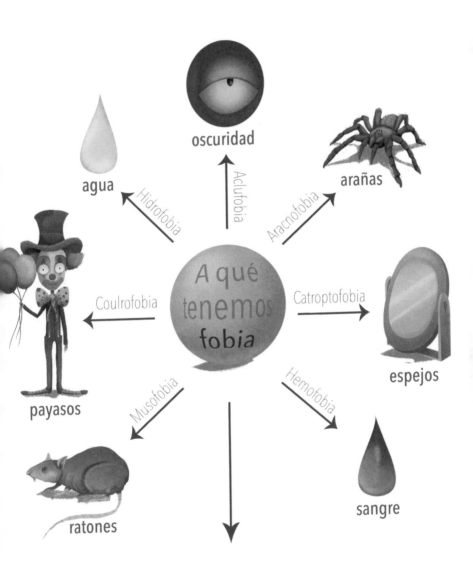

oscuridad

arañas

agua

Aclufobia

Hidrofobia

Aracnofobia

A qué tenemos fobia

Coulrofobia

Catroptofobia

espejos

payasos

Musofobia

Hemofobia

ratones

sangre

Se puede tener fobia
a **cualquier cosa**

Trastorno obsesivo-compulsivo

El TOC consiste en un patrón de obsesión seguido de compulsión. Una obsesión es una idea o imagen recurrente que aparece sin que la persona la controle y que crea una gran inquietud y malestar, en definitiva ansiedad. Para reducir ese malestar, la persona recurre a una compulsión, o sea una conducta repetitiva que sigue un ritual o un orden y cada vez se realiza con mayor frecuencia, hasta el punto de interferir en la rutina diaria. La persona utiliza la compulsión como herramienta para reducir ese estado de malestar o ansiedad que le genera la obsesión. Aunque hay un alivio inicial, la obsesión vuelve con mayor frecuencia y con ella la compulsión, lo que genera un círculo vicioso.

Trastorno de estrés postraumático

Este trastorno es causado por ser testigo de un acontecimiento altamente traumático, como una violación, un robo, un accidente de coche, un secuestro, una enfermedad, muerte o un desastre natural. Con el objetivo de que esa vivencia tan negativa no se vuelva a repetir, nuestro organismo genera un sistema de "recuerdo de esa experiencia" que puede causar más daño que el hecho en sí, volviendo a esos acontecimiento de forma vívida (*flashbacks*), o reviviéndolos constantemente en los sueños.

Esto genera conductas de evitación, aislamiento y un exceso de activación y preocupación por cualquier estímulo que recuerde en algo al evento traumático. Por ello es muy importante que todas las personas que han vivido un suceso altamente traumático acudan con un especialista. Aunque el momento traumático pasó, las secuelas en los pensamientos pueden estar ahí y si son tratadas a tiempo, se puede neutralizar lo ocurrido.

PASOS PARA VIVIR SIN ANSIEDAD

Si a lo largo de estas páginas te has identificado con lo que se dice en ellas, probablemente querrás saber qué puedes hacer en tu vida para no volverte prisionero de un miedo desproporcionado que altere tu capacidad de saborear la vida. Lo primero a tener en cuenta es que la situación actual no nos ayuda. La realidad que vivimos hoy en día es ansiógena y esta sociedad crea individuos ansiosos. Un exceso de noticias negativas y un constante bombardeo de información sobre enfermedades potencialmente agresivas, nos predisponen a estar en constante estado de alerta.

> *"Antes de cambiar el mundo, tienes que aceptar que tú también formas parte de él."*
>
> PELÍCULA: THE DREAMERS

Somos víctimas del efecto nocebo, que es justo lo contrario del efecto placebo. Este último hace que nos sugestionemos positivamente sobre el efecto de un fármaco que asegura que nos va a curar. Aunque el fármaco no tiene un principio activo que cure, nuestro cuerpo reacciona sintiéndose mejor, incluso llega a sugestionarse positivamente que el fármaco lo va a sanar. El efecto nocebo es justamente lo contrario, corresponde a una sugestión negativa ante algo que nos hace sentir mal. Por ejemplo, cuando un paciente conoce exhaustivamente los efectos secundarios de algún fármaco es más probable que los sienta pues se ha sugestionado.

En nuestra comunidad somos víctimas del efecto nocebo social. Sabemos demasiadas cosas negativas que nos acontecen como la inseguridad, la incertidumbre económica, los desastres naturales, el surgimiento de nuevas enfermedades, etcétera. De manera inconsciente, estamos procesando mucha información catastrofista que influye negativamente en nuestros pensamientos y emociones.

Es de vital importancia que elijas un estilo de vida no ansiógeno. Para ello, hay que identificar aquellas situaciones, personas y actividades que generan más ansiedad. A continuación, te presento una serie de acciones que te ayudarán a reducir tu ansiedad. No hay que seguir un orden estricto y muchas veces se pueden hacer en paralelo. Cambiar tus pensamientos y aprender a relajarte pueden ser dos tareas que puedes combinar.

Cambia tus pensamientos

El miedo es una de las la emociones más intensas que existe. Entre buscar el placer o evitar el miedo, la gente opta por la segunda. Identifica qué pensamientos constantes te llegan a la mente, toma nota cada vez que te sientas intranquilo y escribe a qué le temes, qué te preocupa y qué mensajes te vienen a la cabeza. Apúntalos durante una semana y al cabo de ella tendrás tres o cuatro ideas que rondan continuamente en tu cabeza. Normalmente, estos pensamientos giran alrededor de tus preocupaciones y miedos.

Hay dos tipos de miedos, el miedo a elementos externos que no podemos controlar y el miedo interno asociado a una baja autoestima.

- Miedos externos o eventos incontrolables

  Los miedos externos muchas veces tienen su origen en los nocebos sociales. El exceso de noticias pesimistas crea pensamientos relacionados con eventos desgraciados externos de los que nosotros tenemos poco o ningún control. Ideas como: "A mi padre lo puede atropellar un coche," "¿Qué pasa si a mi hijo lo secuestran?" o "¿y si hay un terremoto?" no contribuyen en nada a tu bienestar ni te proporcionan soluciones.

Debes tener en cuenta que no todo depende de ti, que la probabilidad de que te pase es muy baja y que pensar en desastres sólo representa una fuente de preocupación. ¿Qué tan probable es que te pase una catástrofe? ¿Qué tan posible es que choques si conduces con prudencia y precaución?

- Miedos internos que sí puedes cambiar

  ¿A qué tienes miedo? ¿A no ser suficiente? ¿A no poder hacerlo? ¿A que no te quieran? ¿A decepcionar? ¿A que te dejen de querer? ¿A que sepan que no eres lo que creen? ¿A fallar?... Claramente estamos hablando de un problema de autoestima o que te estás dejando influenciar por tu Yo soberbio. En ambos casos, debes enfrentarlo.

  Si puedes solucionarlo, crea un plan de acción. Si no puedes arreglarlo, simplemente observa el problema, acepta las emociones que vienen asociadas a él y no te resistas. Evitar una emoción causa más ansiedad que decidir experimentarla.

Aprende y practica técnicas de relajación

Técnicas de relajación como yoga o tai chi te pueden ayudar. Hay muchas más de las que piensas. Si una no funciona o no es para ti, no te frustres y prueba otras hasta que encuentres la definitiva. Las técnicas de relajación tendrían que ser asignatura obligatoria en las escuelas. Cuando estamos ansiosos perdemos nuestro centro de gravedad emocional y física. Lo primero que hacemos mediante la relajación es reducir la liberación de adrenalina y noradrenalina. Consecuentemente, disminuimos todos los síntomas físicos de la ansiedad: relajamos músculos, regulamos nuestra frecuencia cardiaca y nuestra respiración se hace más profunda. La tensión emocional es incompatible con la relajación fisiológica y viceversa.

Dedica los últimos diez minutos de tu sesión de relajación a crear pensamientos constructivos. Recuerda las soluciones que habías propuesto para esos miedos que te rondan constantemente. Por ejemplo, si temes que le pase algo a tu madre, piensa "hay cosas que no dependen de mí", "soy una persona muy valiosa". Así conectarás una reacción física a mensajes positivos.

Aprende a neutralizar tus pensamientos negativos

Cada vez que llegue la preocupación, repite las frases que utilizas en tu meditación. Nunca recurras a la negación, evita frases como "no eres un inútil", busca algo como "soy capaz de hacerlo", "me he preparado para esto".

Utilizar la negación es activar ese pensamiento de manera inconsciente. Hay otras técnicas como la parada de pensamiento que se incluye en las secciones siguientes.

Quítate pesos

Reflexiona sobre todas las actividades rutinarias que tienes y elimina aquellas que no están en línea con tus necesidades más importantes. El exceso de responsabilidades y la incapacidad de satisfacerlas todas te están creando este estilo ansioso. Date tiempos para ti. El día sólo tiene veinticuatro horas, de las que al menos ocho tienes que dedicar a dormir. No te pueden dar más horas ni debes robárselas al sueño, por lo que para ganar tiempo para ti, tienes que quitárselo a otras actividades que no sean tan importantes.

ACCIONES QUE TE AYUDARÁN A VIVIR SIN ANSIEDAD

SIN ANSIEDAD

os
5
Cuida tu salud
6
Pon límites

1 Cambia tus pensamientos

2 Aprende y Practica técnicas de relajación

3 Aprende a neutralizar tus pensamientos negativos

4 Quítate pe

Pon límites

Saca de tu vida todo lo que te produzca ansiedad. Crea espacios únicos para ti, elimina los elementos que te despierten preocupación y son superfluos. Aléjate de la tecnología por un par de horas al día, ya que ésta te genera un constante estado de alerta y no te deja volver a tu línea base. No vivas pendiente del teléfono y, sobre todo, aprende a desconectarte para conectarte contigo y con los otros. Aunque estamos más enlazados que en cualquier otro momento de la historia, en términos emocionales, nunca hemos estado tan alejados. Y recuerda, si tú no respetas tus propios espacios nadie los respetará.

MITOS Y REALIDADES SOBRE LA AUTOESTIMA Y LA ANSIEDAD

¿LA NEUROSIS TIENE ALGO QUE VER CON LA ANSIEDAD?

La neurosis es la vieja forma de llamar a muchos trastornos de la personalidad, entre ellos los de ansiedad. La neurosis es menos grave que la psicosis, ya que los afectados por esta última tienden a perder la noción de la realidad. Salvo aquellos psicólogos que siguen corrientes derivadas del psicoanálisis, los términos neurosis y psicosis se usan poco. Te pongo un ejemplo: lo que era una neurosis obsesiva ha pasado a llamarse trastorno obsesivo-compulsivo o TOC, por eso, si te dicen neurosis se refieren en muchos casos a un trastorno con un componente de ansiedad.

¿ES LO MISMO SER TÍMIDO QUE TENER FOBIA SOCIAL?

No, timidez y fobia social no son lo mismo, pero pueden estar relacionadas. Una persona tímida es aquella que no disfruta ni se siente cómoda al momento de tener que relacionarse con otros. Siente temor, pero enfrenta la situación y aunque comunicarse con los demás es difícil e incómodo, lo hace. En muchos casos, un simple curso de habilidades sociales puede ayudar.

Una persona que padece fobia social sufre un trastorno de ansiedad que le impide desarrollar sus actividades rutinarias. Siente terror al pensar que tiene que enfrentar una situación que implique relacionarse con otros. Hace lo que sea con tal de evitarlo, incluso reacciona físicamente con palpitaciones, hiperventilación, sudor abundante o con todos los síntomas de un ataque de pánico.

 ## ¿LA ANSIEDAD PUEDE CAUSAR CÁNCER?

Hasta la fecha no hay evidencias científicas, pero lo que sí causa mucha ansiedad en algunas personas es la obsesión por no padecer cáncer. Es importante ser proactivo y hacerse los controles rutinarios, pero el hecho de que cualquiera pueda poner información y opinar en internet sobre el cáncer, crea más preocupación que ayuda. Hay algunos estudios que identifican la ansiedad como un factor que puede impactar en la proliferación de algunos tipos de cáncer. No porque la ansiedad provoque cáncer, sino porque debilita nuestro sistema inmune y el detonante de algunos tipos de cáncer como el cérvico uterino, es un virus que en su fase inicial podría ser "controlado" por nuestro sistema inmune.

Hay estudios no suficientemente contundentes que hablan de que si el sistema inmune está fuerte, en las fases tempranas de algunos cánceres, puede reconocer las células cancerígenas y eliminarlas. También es cierto que mucha gente con niveles de ansiedad bajos padece cáncer. El cáncer puede tener muchas causas, pero no se puede decir que la ansiedad o nuestra personalidad lo provoque.

Me parecen peligrosos los comentarios que casi culpan a la persona de padecerlo asegurando que "se lo causaron ellos mismos". La ansiedad puede debilitar el sistema inmune y hormonal, y con ello el mecanismo de alerta que tiene nuestro cuerpo para detectar y luchar contra las enfermedades; pero que la ansiedad cause por sí sola cáncer, todavía no existen evidencias científicas que lo prueben.

¿LA ANSIEDAD ENGORDA?

A mucha gente sí y a otros no, dependiendo cómo reaccione nuestro cuerpo. Hay gente que ante la ansiedad engorda ya que su cuerpo la identifica como un estado de peligro para el que se debe de preparar almacenando más calorías y comiendo más con el objetivo de prevenir un futuro incierto. Nuestro cuerpo manda la señal de liberar más cortisol. Esta hormona actúa almacenando al máximo todos los recursos que tiene el organismo, gastando menos energía y acumulando más calorías y grasas.

Hay personas que interpretan la ansiedad como una señal de peligro pero en esta ocasión su cuerpo se prepara para la huida. Con el objetivo de estar más ligeros a este tipo de gente, la ansiedad les cierra el estómago, pierden el apetito y consecuentemente adelgazan.

¿LOS NIÑOS PUEDEN TENER ANSIEDAD?

Sí, la causa de ansiedad más común está relacionada al miedo a la separación, la pérdida de los padres o el bullying. Puede aparecer a edades muy tempranas como antes de los 9 meses. Que un niño tenga temor y llore cuando se aleja de la madre es normal; que niegue a separarse de ella o de cualquier otra figura con un cierto vínculo emocional, y que lo somatice con dolores de cabeza, estómago, vómitos, etcétera, ya representa una señal de alerta. El niño podría padecer de un TAS, trastorno de ansiedad asociado a la separación.

¿La ansiedad se hereda?

Hay personas que genéticamente han heredado de sus padres un sistema de alerta más sensible. Desde bebés se despiertan con cualquier ruido, detectan cualquier cambio sutil en el ambiente y su oído y olfato pueden llegar a estar más desarrollados.

En la época de las cavernas, estas personas habrían tenido ventaja sobre el resto, ya que un mecanismo de alarma más receptivo marcaría la diferencia entre escapar a tiempo o no. Nacer con una mayor sensibilidad a lo que ocurre en el medio ambiente no quiere decir que vayas a tener ansiedad, pero te predispone un poco más a padecerla. El conjunto de creencias familiares, como el hecho de que estén constantemente avisándote de posibles peligros, accidentes o eventos negativos, tiene un peso tan importante en el desarrollo de un trastorno de ansiedad como la herencia genética.

¿Cuál es la designación correcta, el autoestima o la autoestima?

Ambas formas son correctas. La gente que dice el autoestima hace la palabra masculina porque se refiere al "auto"; la gente que le llama la autoestima vuelve femenino el término porque se refiere a la estima.

¿Tener la autoestima alta es malo?

Lo ideal es tener una autoestima sana. La gente que tiene una autoestima demasiado alta sobrevalora sus habilidades, pero lo cierto es que, aun cuando no son objetivos, al creer vehementemente en sus capacidades tienden a intentar más las cosas, a ser más perseverantes y, consecuentemente, a alcanzar más retos. En ocasiones, superan a los que tienen más habilidades. El mayor problema es cuando una persona tiene una autoestima alta narcisista y su objetivo no es superarse a sí mismo, sino compararse con otros y colocar a los demás por debajo.

¿LAS PERSONAS CON BUENA AUTOESTIMA TIENEN MÁS SUERTE?

Cuando alguien triunfa y escuchamos la frase "tuvo muy buena suerte", podemos creer que tal vez sí la tuvo, pero también es probable que, cuando no la tuvo, no dejó de intentar. Las personas con una autoestima global sana sienten mayor control sobre su medio, creen que el éxito de sus acciones depende de ellos y de sus habilidades. ¿Qué pasa si fracasan? Analizan las cosas que pueden ser modificadas, pero siguen intentándolo hasta que alguna vez la "buena suerte" aparece.

Una persona con baja autoestima tiende a relacionar las situaciones negativas con sus características personales. Cree que no tiene capacidad o que "el destino ya estaba escrito". Está convencido de que esas condiciones persistirán en el futuro, por lo que ante una situación adversa, dejará de intentar las cosas.

¿PUEDEN LAS PELÍCULAS IMPACTAR NEGATIVAMENTE EN NUESTRA AUTOESTIMA?

Desgraciadamente sí, del cine aprendemos muchas cosas y creemos lo que vemos sin cuestionarlo. Además, nos comparamos con ello. Los cánones de belleza promueven que labios, trasero y pechos estén exagerados y sean prácticamente inalcanzables, si la protagonista en cuestión pesa 50 kilos.

También copiamos conductas sin darnos cuenta. En las relaciones de pareja llegamos a reaccionar con un exceso de drama, al imitar la reacción de la "heroína" de la película cuando la deja el galán en turno (entra en una dinámica de tristeza que dura dos años si es telenovela, y media película si es cine).

 ## ¿Puede una baja autoestima causar enfermedades?

Sí, en especial los trastornos alimenticios y la dismorfia corporal, como anorexia, bulimia, vigorexia. Además, puede desencadenar depresión, tics, o miedo a hablar en público. Una baja autoestima también puede provocar complejos o trastornos de ansiedad. Cuando alguien no cree en sí mismo, experimenta una tensión constante al pensar que puede ser evaluado, comparado o juzgado por otros.

 ## ¿A quién acudir si tengo baja autoestima, a un psicólogo o a un psiquiatra?

A un psicólogo, el psiquiatra es más recomendable si tienes trastornos graves; pero si estás sufriendo un duelo, tienes problemas de autoestima o no sabes cómo salir de un conflicto, un psicólogo te puede ayudar fácilmente. No tienes que tener un trastorno mental para ir a un psicólogo. Acudir a él te puede ayudar a tomar mejores decisiones y resolver un asunto que, si no atiendes tempranamente, con el paso del tiempo puede convertirse en un trauma.

3
REINVENTÁNDOTE
CONVIÉRTETE EN LA PERSONA QUE QUIERES SER

*"Porque una es más auténtica
cuanto más se parece a lo que ha soñado
de sí misma."*

(PELÍCULA *TODO SOBRE MI MADRE*.
DE PEDRO ALMODÓVAR)

De vez en cuando te dices "si hubiera estudiado arte y no finanzas", "si me hubiera ido con otra pareja", "si me hubiera arriesgado a tomar ese trabajo", "si hubiera, si hubiera..." ¿Dónde estás ahora y dónde quieres estar? ¿Qué es lo que te frena para llegar a ser lo que quieres ser? ¿Crees que no vives la vida que soñaste vivir?

El "hubierabitis" se puede llegar a convertir en un padecimiento crónico. Puede acabar con nuestra vida, o más bien con la motivación para vivirla. Nos arrepentimos sobre todo de lo que no hemos hecho y no de lo que hicimos. El atrevernos a hacer algo aunque no logremos buenos resultados o no salga tan bien como pensamos nos deja con la tranquilidad de, al menos, haberlo intentado.

Aunque depende de nuestras decisiones, y culpar a otros por no haber hecho algo no lleva a ninguna parte, es importante saber que la familia y el entorno en el que creces influye en cuánto luchas por tus sueños. Saber esto puede ayudarte a reconocer los pensamientos que te han frenado en el pasado a luchar pero no deben ser una excusa. A lo largo de tu vida los mensajes de tus padres y seres queridos te impulsarán o te detendrán en el cumplimiento de tus metas. Incluso el país en el que creces motiva o desalienta a reinventarte. Mientras que en algunos países anglosajones te educan a seguir tus sueños, no tener miedo al ridículo y entender que un error se debe ver como un aprendizaje que te acerca más a tu meta. En otros países fallar en algo es visto como una desgracia, algunos incluso lo convierten en un experiencia "traumática" que no debe recordarse a la persona que la vivió. Para los psicólogos, cometer un error, mientras se aprenda de él, te acerca más a la meta.

Los "hubieras" más dolorosos son los que nacen de no intentar algo, ya sea por miedo al fracaso o a perder lo poco que tienes. Tu Yo saboteador es un experto en recordártelos aunque tenías la oportunidad de hacer algo, cuando te convenció de no hacerlo.

Todavía no hay una forma de regresar al pasado, pero sí hay algo que puedes hacer: cambiar tu presente, y con él, tu futuro. Curiosamente las corrientes de la psicología actual, al contrario del psicoanálisis centrado en el pasado, se focalizan en tu presente, en tu realidad, en este momento. En el modificar tu hoy para cambiar tu mañana. Todos somos los dueños de nuestro presente. Nadie niega los traumas del pasado y lidiar con ellos es importante, sirven para entender mejor de dónde vienen tus sufrimientos. Pero sólo construyendo el presente y no simplemente dándole una explicación a tu pasado, puedes cambiar tu destino.

Los psicólogos usamos la siguiente pregunta para saber si de verdad eres lo que quieres ser: ¿Qué te atreverías a hacer si supieras que no vas a fallar? La respuesta que des es tu reinvención.

¿QUÉ EXCUSAS CREAMOS PARA NO SER LO QUE QUEREMOS SER?

Si tienes un sueño, ¿por qué no lo sigues? ¿Qué es lo que te frena? ¿El miedo al fracaso? ¿Lo irrazonable del sueño? Muchas de las personas que han cumplido sus sueños fueron poco razonables, incluso hubo quien las tachó de locos o Peter Pan. Si te fijas en la historia de la humanidad, los grandes inventos han sido realizados por personas que soñaron lo imposible. ¿Cuántos habrán dicho que los hermanos Wright estaban locos por dedicar su vida a inventar un aparato que pudiera volar? Ahora tomar un avión es lo más natural del mundo, y lo poco razonable sería tomar un barco para ir de América a Europa. Si a nuestros abuelos les hubieran dicho cuando eran niños que llegaría un día en que el hombre pisaría la luna y ellos podrían ser testigos de esa hazaña, seguramente no lo habrían creído. O algo tan familiar como un teléfono que nos permite hablar con alguien que está a kilómetros de distancia, ¡parecería un acto de magia! Cosas que eran inalcanzables, son parte de nuestra vida porque personas como Graham Bell, los hermanos Wright, Thomas Edison y todos los inventores a los que tacharon de locos, no se dejaron persuadir por los comentarios constantes sobre lo irracional de sus sueños. Mostraron al resto del mundo que lo irracional era pensar que los sueños no se pueden alcanzar.

En definitiva, el sentido común es importante pero un exceso de racionalidad puede llevar a muchos a no arriesgarse. Tu parte emocional tiene una sabiduría propia que muchas veces tu yo racional desecha por demasiado "ilógica". Este exceso de racionalidad, con otros dos grandes enemigos, tu Yo saboteador y tu Yo soberbio, te pueden frenar o, peor aún, llevarte en la dirección contraria a la que querías.

Otra cosa que hacemos es crear excusas para justificar por qué no conseguimos lo que quisimos. Y más que una excusa nos inventamos toda una historia que acabamos creyendo para convencernos de que en el fondo no teníamos otra opción más que la que tomamos.

Pero, ¿por qué no lo intentamos? La respuesta es miedo. ¿Qué tipo de miedo? ¿Miedo a no creernos lo suficiente? ¿Miedo a fracasar? ¿Miedo a pensar que eres un perdedor? ¿Miedo a qué? Tu Yo soberbio juega una parte activa al abrir la caja de Pandora de todos tus miedos e inseguridades. Te susurra constantemente: "¡Tú no puedes permitirte fracasar!" A lo que tu yo compasivo tendría que responder: "¿Podrías vivir tu vida sin al menos intentarlo? ¿Qué es lo peor que te puede pasar? ¿Qué te rechacen? ¿Qué no te amen? ¿Qué los defraudes?"

La mayoría de los procesos de reinvención implican una ruptura y la ruptura es una despedida. No sólo un adiós a una serie de hábitos, también a tu identidad dentro de un grupo. Incluso a tu amor propio y tu autoestima. Probablemente es porque tenemos una visión errónea de lo que en realidad somos y basamos nuestra identidad en cómo somos percibidos socialmente por el resto.

¿HAY UNA EDAD PARA REINVENTARSE?

No, pero el percibir la edad como una desventaja nos predispone negativamente. Para algunos, cada año cumplido no es un año de experiencia más que les permite ser más ágiles en el camino; al revés, ven cada año como una piedra que les ancla a donde están y les impide reinventarse.

Nadie niega que con los años muchas de nuestras capacidades se ven mermadas, pero el obstáculo mayor de la reinvención son nuestras ideas preconcebidas que afirman que con la edad todo empeora. Eso es totalmente erróneo, muchos de los grandes libros, invenciones y proyectos son fruto de la edad madura. Tendemos a admirar las capacidades que tienen los niños para aprender, pero lo cierto es que como adultos tenemos habilidades con las que no contábamos cuando éramos niños. La capacidad de concentración, la creación de estrategias mentales, la paciencia, la perseverancia, etc. Adquirimos muchas habilidades que nos ayudan a solucionar problemas con más rapidez. Entonces, ¿qué nos frena? Nuestro Yo saboteador. Cuando eres niño, entre tú y el objetivo sólo hay una cierta distancia. Si adquieres las habilidades necesarias, puedes superar los obstáculos y conseguir lo que quieres. Si tu Yo saboteador te dice constantemente "ya no tienes edad para eso", "perdiste tu oportunidad", "los hay más jóvenes", y ves primero los obstáculos y no la meta, por muy joven que seas, ya estás viejo. No es una cuestión de edad sino de actitud, si vives más de recuerdos que de esperanzas, de proyectos que pudiste hacer que de los que tal vez hagas ahora, tengas la edad que tengas, eres un ser jurásico. Hoy mismo puedes cambiar de forma de pensar, es el día perfecto para reinventarte.

Reinventarse no significa poner tu vida cabeza abajo, ni cambiarla radicalmente. Hay quienes quizá necesiten una reinvención drástica y otros una pequeña reinvención para seguir sintiéndose satisfechos en su vida.

MOMENTOS DE LA VIDA EN QUE NECESITAMOS REINVENTARNOS

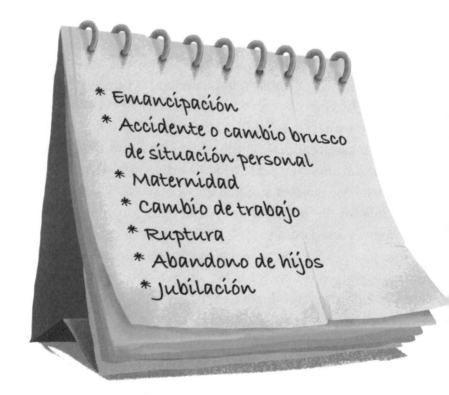

* Emancipación
* Accidente o cambio brusco de situación personal
* Maternidad
* Cambio de trabajo
* Ruptura
* Abandono de hijos
* Jubilación

Antes de definir exactamente en qué aspecto de tu vida quieres reinventarte, plantéate los siguientes puntos:

¿ERES LO QUE QUERÍAS SER O BUSCASTE SATISFACER LAS EXPECTATIVAS DE OTROS?

Hay quienes, inconscientemente, buscan la constante aceptación de los otros. En particular de los padres o las personas que son fuente de referencia emocional. Eso hace que cuando llegan a adultos y han conseguido aquello de lo que sus padres se sienten orgullosos, muchos se planteen un giro en su vida profesional, incluso familiar, pues no escucharon sus verdaderas necesidades. Hay también los que basan su elección de pareja en satisfacer las expectativas de la familia y se casan con la persona aceptada por los suyos o porque pertenece a su religión, y no con aquella de la que están enamorados. Plantéate si tu vida ha sido un intento de complacer las expectativas de otros o si de verdad lo que haces es lo que te deja más satisfecho.

¿BUSCAS RECONOCIMIENTO O HACES LO QUE TE GUSTA?

Muchas personas han dejado la gran pasión de su vida con tal de ser reconocidos. Se vuelven grandes profesionales, son muy reconocidos por parte del grupo pero cada día les pesa más su trabajo. ¿Te has preguntado qué te gusta hacer? Si por ejemplo es la actuación, ¿qué es lo que te está frenando ahora mismo para dedicarte a eso? Muchos actores se encuentran en la situación opuesta a ti. Sí se dedican a lo que les gusta, pero los llamados, la espera en los camerinos, los viajes, las jornadas duras de grabación y la separación de la familia durante meses, los lleva a sentir descontento con su vida. Esto pasa cuando no te has planteado bien como impactaría tu trabajo en otras áreas de tu vida. Ser exitoso para el resto no es lo mismo que sentirte una persona exitosa con tu vida. Primero hay que redefinir el concepto de éxito. Muchos de los personajes públicos que vemos en los medios alcanzan grandes metas pero no llegan a sentirse personas plenamente exitosas. Ser reconocido en una faceta de tu vida no quiere decir que ésta haya sido un éxito si sacrificas el resto de tus áreas personales. Personas como Marilyn Monroe, Robin Williams y Michael Jackson, son ejemplos claros de que el éxito profesional no va de la mano del éxito en sus vidas.

¿Has calculado el costo emocional de reinventarte?

A veces, conseguir una meta a cualquier precio tiene un costo emocional incalculable. No es una cuestión de dejar todo sino de establecer prioridades y valorar en qué aspectos de tu vida puedes prescindir y cuáles nunca estarías dispuesto a sacrificar. Si para conseguir un objetivo profesional o estar con la persona que amas dejas de lado facetas de tu vida que son muy importantes para ti, el precio puede ser tu felicidad.

> Muere lentamente
> quien no cambia de vida cuando está
> insatisfecho con su trabajo o su amor,
> quien no arriesga lo seguro por lo incierto
> para ir detrás de un sueño,
> quien no se permite
> al menos una vez en la vida huir
> de los consejos sensatos...
> ¡Vive hoy! ¡Haz hoy!
> ¡Arriesga hoy!
> ¡No te dejes morir lentamente!
> ¡No te olvides de ser feliz!
> (MARTHA MEDEIROS)

CÓMO REINVENTARNOS

Podemos reinventarnos en tantas facetas de la vida como necesitemos. Reinventarse no tiene que venir necesariamente de un acontecimiento negativo, por ello es importante distinguir entre reinventarse y reconstruirse. Reconstruirse es querer ser ese alguien que ya no volveremos a ser y del que hemos creado un recuerdo idealizado. Uno de los anhelos que nos causa mayor sufrimiento es desear el pasado, ser lo que una vez fuimos. Por eso es tan importante desechar la palabra reconstruirse y sustituirla por reinventarse. La reivención implica tomar lo mejor de ti, quitar lo que ya no sirve y construir algo nuevo adaptado a tus circunstancias actuales. Hay que mirar al pasado lo justo y necesario tomando exclusivamente aspectos útiles para construir tu reinvención. ¿Quieres saber si necesitas reinventarte?

Primero, define qué es tener éxito en tu vida y en qué facetas no lo estás consiguiendo. Si te centras en una sola faceta probablemente te sentirás infeliz. Es como si fueras cojo, aunque tengas muy fuerte una pierna, si la otra no funciona, no podrás caminar correctamente. Entonces, antes de pensar que no has conseguido lo que querías, analiza en qué facetas te sientes pleno. ¿Tienes un buen círculo de amigos? ¿Estás bien con tu familia? ¿Quieres vivir en pareja? ¿Te sientes realizado personalmente? ¿Te sientes realizado profesionalmente? ¿Hay algún sitio a donde te gustaría viajar? Si no te sientes bien en alguna de estas facetas, detén esa dinámica de hubieras y sustitúyela por haré. Y lo más importante, si te reinventas, el mayor reconocimiento debe venir de ti. Si esperas que el resto te lo dé, lo que en realidad estás buscando es aprobación de los demás, lo que implica un problema de baja autoestima y no de desarrollo personal.

Hay muchas facetas en las que nos podemos reinventar y la dinámica es parecida pero en este libro me centraré en las dos reinvenciones más buscadas, la de nuestras facetas amorosa y profesional.

A continuación encontrarás una serie de preguntas y afirmaciones para saber si necesitas reinventarte. Sé honesto, las mentiras que nos decimos son las que más nos creemos.

¿Necesitas <u>reinventarte?</u>

¿Disfrutas tu profesión o es un medio para pagar tus gastos?

Tu pareja, ¿sigue siendo ese confidente con el que te gusta tener relaciones íntimas o es solo un acompañante de tu vida?

Tu pareja se fue, ¿estás haciendo nuevos círculos o todavía tu vida no tiene sentido y te falta ilusión para seguir viviendo?

¿Disfrutas al estar con tu pareja o prefieres tener la oportunidad de quedarte solo o ir con tus amistades?

¿Estás constantemente pensando en lo que tendrías que haber hecho y no hiciste?

En la compañía de mi pareja crecí o he renunciado a tantas cosas por mi pareja.

Normalmente te levantas con ganas de hacer cosas, o tu vida te parece monótona y sin sentido.

Si has optado por dos o más frases en rojo, probablemente necesites reinventarte en una o más facetas de tu vida. Curiosamente la mayoría se niega a hacerlo hasta que no tiene más remedio y una crisis o una situación dolorosa lo lleva a ello. El problema es que ocurre en un momento en que emocionalmente nos sentimos más débiles y la reinvención se hace aún más difícil. Otras veces estamos en una zona de confort, posponiendo crónicamente lo que nos hubiera gustado ser. Lo ideal es detenernos y reflexionar periódicamente sobre nuestra vida. Hacer un alto en la rutina del "hacer" para meditar sobre lo más valioso que tienes, tu vida.

CÓMO REINVENTARSE PROFESIONALMENTE

Aunque esta frase no es del todo cierta, lleva algo de razón: "Somos lo que hacemos." Por eso, dedicar el día a día a nuestra pasión, sea remunerada o no, es uno de los principales ingredientes de la receta para que nuestra vida tenga buen sabor y así seamos más felices.

La reinvención profesional tiene matices distintos. Lo importante es detener esa inercia que muchas veces no lleva a ninguna parte, o peor, a donde otros quieren.

Cada persona está en un momento de su vida distinto para reinventarse profesionalmente, o mejor dicho, vocacionalmente. Lo que al principio de su carrera podría motivarle, como viajar, pasear y sentir la adrenalina de la presión, se le puede volver insoportable diez años después, cuando tiene familia. Por eso es tan importante que tus objetivos profesionales estén alineados con tus objetivos personales. He tenido la oportunidad de reinventarme profesionalmente cuatro veces en la vida, en cinco países distintos: Australia, Gran Bretaña, España, México y Estados Unidos. Aunque en todas las ocasiones seguí mi pasión, la psicología, los matices que le di a mi carrera y los cambios que eso implicó en mi vida, fueron drásticos.

Aunque hayas elegido lo que te gusta, esa actividad necesita de cambios y de retos para seguir motivado.

MISMO RUBRO

No implica un gran cambio

Cambio de empresa >

Cambio de actividad >
dentro de tu vocación

< Cambio de profesión

< Poner un negocio propio
en otro rubro

Implica un cambio
drástico de estilo de vida

CAMBIO RADICAL

Hay distintos tipos de reinvención profesional. A veces sólo implica cambiar de empresa o modificar la actividad dentro del rubro en el que te desarrolles. En otras ocasiones se necesita un cambio radical en el que se empieza desde cero en una nueva área. A veces este tipo de reinvención profesional no paga tan bien como en el rubro donde se trabajaba antes, pero los beneficios en términos de satisfacción personal exceden cualquier tipo de cuenta bancaria.

En una charla de café tuve la oportunidad de escuchar una de las conversaciones más iluminadoras que he oído en mucho tiempo. Hablaban de Sara, una compañera del grupo de amigas de la universidad. Sara dejó la carrera a medias, abandonó el país y se volvió una gran diseñadora, a tal grado que sus modelos se venden en todo el mundo. Entre risa y risa, todas comentaban:

"Qué suerte ha tenido, viniendo de donde viene y ahora diseñado para las famosas."

"Con el mal gusto que tiene su familia y lo mala que era para estudiar."

"¡Ni terminó la carrera de derecho!"

Ángeles las miró fijamente y dijo, "Creo que no estamos hablando de la misma persona, a Sara nunca le gustó estudiar Derecho. Durante las clases pintarrajeaba sus hojas con diseños de sus vestidos y siempre quiso dedicarse al mundo de la moda. Fue valiente al dejar todas las comodidades de su país para cumplir su sueño. Siento que la que cambió fui yo. Si hubiera hecho lo que ella, ser fiel a mis ilusiones, no estaría constantemente pensando cuántas horas me quedan para salir del trabajo, ni qué hubiera sido de mi vida si hubiera sido valiente."

Antes de empezar a reinventarte o elegir tu carrera, hay dos aspectos que debes tener claros; además es necesario que seas honesto contigo y hagas un ejercicio de reflexión. Lo primero que debes hacer es valorar objetivamente tus actitudes y tus aptitudes. Tus aptitudes son las capacidades con las que, podemos decir, naces. Un ejemplo es la música, hay gente que nace con la capacidad de reproducir y crear melodías sin necesidad de tomar clases. Tienen un don, un talento o una aptitud. Las actitudes se basan en tu empeño en desarrollarte para volverte un experto en algo aunque no necesariamente hayas nacido con determinado talento. Éstas son fruto de la perseverancia y el trabajo duro. Pocas personas tendrán el talento del gran guitarrista Paco de Lucía, pero con mucho trabajo podrán hacer sonar muy bien una guitarra y vivir de la música como concertistas o profesores. Desarrollarán una virtud y podrán sentirse completamente satisfechos al dedicar su vida a su pasión. La mayoría podemos desarrollar una virtud, sobre todo si algo nos gusta mucho. La pasión nos lleva al esfuerzo, a la superación y al trabajo duro, llegando incluso a desarrollar habilidades insospechadas por otros. Por eso, si te gusta algo, si te apasiona, es posible compensar el talento que pueda faltarte con trabajo duro, perseverancia, en definitiva, con talante. Lo más importante aquí es evitar las comparaciones y sobre todo, entender que la cuestión no es ser el primero sino disfrutar lo que te gusta hacer.

Ingredientes necesarios para el éxito

APTITUDES

En un Don,
(naces con
ellas)

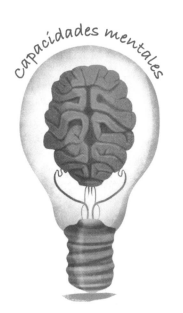

ACTITUDES

Las desarrollas
o aprendes

¿QUÉ OTRAS COSAS DEBES TENER CLARAS ANTES DE DECIDIR REINVENTARTE?

Ya sabes lo que te gusta hacer en la vida, ahora debes tomar en cuenta el ámbito en el que lo vas a desarrollar. Para ello es vital que te tomes un tiempo para explorar el tipo de actividades, personas y entorno con los que se involucra tu pasión. Tal vez tengas que vivir en un entorno o en un ambiente que no te guste y decidas desarrollarla en otro ámbito o incluso crear tu propia realidad. Habla con personas que hacen lo que a ti te gustaría hacer. Que te cuenten como es su rutina, haz una lista de todas las actividades que realizan y clasifícalas. Si hay una que no soportas, busca un ámbito en el que puedas desarrollar tu pasión sin tener que lidiar con ella.

Te doy un ejemplo, si amas la música y quieres ser músico, pero eres una persona muy hogareña u odias viajar, probablemente tendrás que buscar una actividad relacionada con la música que no involucre viajar. La gran mayoría de los músicos pasan meses viajando de ciudad en ciudad, volando, durmiendo en hoteles y separados de sus seres queridos. Muchos músicos excepcionales, tras el primer disco de éxito y, sobre todo, tras el primer tour, abandonan la profesión. Su pasión les pasa una factura emocional muy cara. Lo que muchos no consideran antes de tirar la toalla son los distintos ámbitos en los que podrían desarrollar su pasión. En el caso de los músicos pueden dedicarse a la producción musical para otros grupos, la docencia, o a componer bandas sonoras para películas. Por mucho que te guste algo, si el entorno es completamente erróneo, puedes acabar detestándolo y con una sensación de vacío o de que tienes una falta de pasión por la vida.

PARA CONSIDERAR ANTES DE ELEGIR TU VOCACIÓN

Qué no soporto

Qué no me agrada

Qué me gusta

¿Cuáles son los ingredientes de la reinvención profesional?

Aunque hay factores externos influyentes en tu éxito, igual que como sucede con un buen plato, hay ingredientes que tú debes proporcionar para reinventarte profesionalmente.

Ingredientes de la reinvención

Resiliencia
Decisión
Pasión
Estrategia

• Pasión

Si bien nuestra parte racional busca el modo de conseguir las cosas, si queremos convertirnos en algo nuevo es imprescindible apasionarnos para ello. La pasión es el motor, es la fuerza que nos ayudará a superar obstáculos y nos hará seguir aunque caigamos. A veces nuestro entorno es un matapasiones, hay personas que son verdaderos asesinos del entusiasmo, lo ven todo gris y con o sin intención, quieren quitarle los colores a tu vida. Rodéate de gente apasionada, neutraliza o evita a los que no lo son. La pasión es uno de los grandes detonadores de la reinvención.

• Estrategia: desarrolla un plan de acción

Otro ingrediente vital de la reinvención es la elaboración de un plan. No es suficiente con querer, hay que crear un plan de acción, una estrategia que nos permita visualizar y prepararnos para los obstáculos que se presenten. Hay muchos que te tachan de persona negativa cuando piensas en los problemas que se pueden presentar. No hagas caso, tomada la decisión de reinventarte debes pensar también en las posibles adversidades. Conocer las dificultades te prepara para afrontarlas de una manera constructiva y tener un plan de acción listo para superarlas lo más rápido posible. La mejor manera de desarrollar ese programa es investigar con las personas que ya han hecho el camino por ti.

Habla con personas que ya han vivido la misma experiencia, tanto quienes lo consiguieron como aquellos que no. Cuáles fueron sus circunstancias personales, cómo las solucionaron. No te quedes sólo con un testimonio, escucha a distintas personas, con diferentes personalidades y analiza en qué punto concuerdan. Si todos coinciden en que hay algo especialmente duro de superar, analiza cómo lo hicieron, qué estrategias utilizaron y qué acciones tomarías tú en esa situación. Nuestro Yo soberbio nos manda el mensaje de "yo puedo solo". Pero, ¿por qué piensas eso? ¿Qué quieres demostrar? ¿Qué necesidad tienes de cometer los errores que otros han cometido?

Mantener siempre una visión de lo que quieres ser es importantísimo. Crea una lista de frases para que recuerdes constantemente en qué quieres reinventarte. Repítelas cada vez que sientas que vas a tirar la toalla. Hazlo también con imágenes mentales. Imagina cómo te ves cuando ya te has reinventado, cómo sería tu vida exactamente, cómo te sentirás haciendo lo que te gusta y visualízala cada vez que te sientas desanimado.

• Resiliencia

En la vida todos vamos a tener que superar problemas y baches. Vamos a cometer errores y las cosas no saldrán como esperábamos. Cuando te enfrentas a problemas o dificultades, ¿qué sueles hacer o pensar?

¿Te desesperas y no haces nada que te lleve a la solución o te pones manos a la obra para cambiar lo que sea necesario? ¿Lo interpretas como fracasos personales o los ves como oportunidades para crecer? ¿Crees que es algo muy negativo que sólo te sucede a ti o que es un desafío normal de la vida? Si en todas estas situaciones te has puesto manos a la obra, es que tienes buena resiliencia.

La palabra resiliencia deriva del inglés "resilence", que significa "resistencia", pero para los psicólogos este término es mucho más amplio y no implica sólo resistir también es tener la capacidad de adaptarse a un acontecimiento difícil con flexibilidad y sobreponerse a él.

La resiliencia es un ingrediente muy importante para la reinvención, pues se van a dar situaciones difíciles y frustrantes, para las que un "sí puedo" no bastará. También habrá que estudiar la situación de manera objetiva para tomar la decisión adecuada y no bloquearse en el proceso.

Una persona con una buena resiliencia analiza la situación lo más objetivamente posible sin minimizar ni exagerar las adversidades. Su foco de atención y energía están en encontrar una solución sin caer en el vicio de buscar culpables.

La mejor forma para entender el concepto de resiliencia es con un ejemplo de la vida real:

Pedro tenía una entrevista de trabajo muy importante; ya había pasado un proceso de selección entre 100 candidatos. Ese día salió media hora antes de lo planeado pero desgraciadamente chocó y tuvo que esperar al seguro. Para colmo, se quedó sin batería en el teléfono.

Pedro tenía dos opciones:

1. Culpar a la persona con la que chocó y lamentarse porque la mala suerte le hizo perder la oportunidad de su vida.

2. Pedirle a alguien que tomara fotos del accidente y se las mandara a su correo. Pedir un teléfono para disculparse por la tardanza, enviar la foto para demostrar que era verdad lo que había ocurrido y solicitar que le reagendaran la cita.

¿Cuál te hace pensar que Pedro tiene una resiliencia adecuada?

¿Cuáles son las claves para tener buena resiliencia?

Las personas con buena resiliencia se ven capaces de resolver los problemas. Su primer pensamiento es: "¿Qué puedo hacer para resolver el problema?" La confianza en sí mismos es vital.

No son victimistas ni victimarios. Buscan el origen de un problema, no para culpar sino para identificar una solución o una acción que fue errónea y saber que no debe aplicarse otra vez. Un gran error de las personas con poca resiliencia es que comienzan a azotarse o azotar mentalmente a otros.

¿Sabes cómo desarrollar tu resiliencia?

Normalmente nos entrenan para ser primeros en todo y nos dicen que fallar es de perdedores; pero los colegios, los padres y la sociedad, no nos entrenan a ser resilientes. Lo más interesante es que la resiliencia es una capacidad que se puede desarrollar mucho más fácilmente. Es como un músculo que puedes ejercitar. Si aprendes esta rutina de pensamiento, de emociones y de acciones, te sorprenderán los beneficios personales que obtendrás.

7 PASOS PARA DESARROLLAR LA RESILIENCIA

1. **Analiza objetivamente** la situación.

2. **Busca soluciones**; no te enfoques sólo en una, piensa en distintas alternativas.

3. **No busques la solución perfecta** si no la que se acomode mejor ante esas circunstancias.

4. **Pasa a la acción**; no te quedes sólo en lo que tienes que hacer, hazlo.

5. **Evita actitudes derrotistas** o culpas. "Por qué a mí" o "por su culpa estoy en esta situación", te hunden más en vez de ayudarte a salir.

6. **Busca apoyo**; hacer algo solo puede impedirte salir de ese bache o provocar que el dolor aumente. El apoyo emocional de otras personas facilita superar cualquier dificultad. Esto no quiere decir que quien no tiene apoyo no la supere pero sí resulta más duro y difícil.

7. **No te rindas**; pero no intentes siempre la misma fórmula, trata con distintas maneras y asimila que no siempre hay una solución ideal para los problemas; lo mejor es encontrar la solución que se adapta a las circunstancias.

• Decisión

No busques el momento perfecto para tomar la decisión de reinventarte, rara vez se van a dar todas las condiciones para hacerlo. Si ya tienes una estrategia, un plan de acción, sabes lo que quieres y lo visualizas constantemente, debes pegar el salto. ¿Qué esperas? La vida nos abre constantes oportunidades para reinventarnos, depende de nosotros tomarlas o dejarlas ir.

ENEMIGOS DE LA REINVENCIÓN PROFESIONAL

Puedes tener todas las aptitudes y actitudes pero con eso no es suficiente. Un exceso de miedo o inseguridad puede arruinar ese plato aunque tengas los mejores ingredientes. A continuación incluyo los factores que pueden arruinarte la oportunidad de ser lo que deseas.

• Miedo

La emoción que a lo largo de la historia más ha saboteado al ser humano a cumplir sus sueños es el miedo. Si bien es una reacción necesaria para protegernos, también nos paraliza. El hecho de que nuestra parte racional esté mucho más desarrollada nos vuelve más conscientes de las cosas que nos pueden ir mal e impedirnos avanzar. El miedo nos limita la posibilidad de reinventarnos. Por eso la valentía es una parte vital de la reinvención, pues en todo cambio hay un riesgo y si del pensamiento no se pasa a la acción, nos quedaremos con el sueño frustrado de lo que pudimos ser pero nunca lo intentamos.

Enemigos de la reinvención

• Vivir en la zona de confort

La zona de confort es un estado de comodidad en el que la persona se maneja en un entorno que conoce, domina y para el que no requiere de aprendizaje nuevo. No significa que sea una zona de bienestar, pero sí familiar, pues sabes lo que puedes esperar de ella. Aquellas personas que llevan mucho tiempo viviendo en la zona de confort han dejado de aprender y aceptan más fácilmente las cosas que antes les incomodaban. En el ámbito laboral pasa frecuentemente. Al trabajo para el que has sido contratado, le empiezan a añadir pequeñas tareas que te molestan. Sin embargo, de manera gradual las cumples hasta que se vuelven parte vital de tu rutina. Si antes pasabas una hora haciendo trabajo administrativo que detestabas, acabas dedicándole la mayor parte de tu tiempo a la administración. También ocurre que incluso dedicándote a lo que te gusta, tu trabajo se vuelve repetitivo, seguro y sobre todo, te deja anclado en el pasado.

¿Por qué caemos en una zona de confort? Porque nos da seguridad, es parte de nuestro instinto de supervivencia. En la época de las cavernas nuestros ancestros se sentían seguros y tranquilos en la cueva, sin miedo a ser atacados. Pero si el hombre no hubiera salido a buscar pastos, crear utensilios de caza y de pesca, probablemente no hubiera sobrevivido como especie. Salir de la cueva aún caliente, es exponernos a peligros pero también implica una preparación para adaptarnos a las circunstancias inevitablemente cambiantes de nuestro entorno.

La realidad cambia constantemente y si tu trabajo no requiere de retos que te obliguen a aprender, a desarrollar nuevas formas y modelos de visión de la realidad, estás en tu zona de confort.

La gente que está en su zona de confort está fuera de la zona de aprendizaje y consecuentemente de reinvención. Prefieren saber qué esperar, aunque eso implique dejar de aprender, de reciclarse y mejorar.

• Yo Saboteador

Si cada vez que intentas soñar despierto con algo que quieres tienes una voz interna que sólo te dice lo que puede pasar mal y no te motiva ni a intentarlo, es que tu Yo saboteador se ha apoderado de ti. El deseo de convertirte en lo que de verdad quieres ser se enfrenta sobre todo a tu principal enemigo que es el Yo saboteador. Nosotros mismos nos cortamos las alas que nos permitirían llegar a lo más alto. El Yo saboteador nos dice que no somos capaces o suficientes, nos recuerda nuestros errores del pasado, todo lo que nos falta y no lo que tenemos. Ataca nuestra seguridad, destruye nuestra motivación. Si tu Yo saboteador se salió con la suya en el pasado ya no puedes hacer nada. A partir de hoy, jamás vulevas a dejar que sabotee tu presente.

Mi YO-SOBERBIO

- Esto no me puede pasar a mí
- Lo tengo que entregar perfecto
- No me puedo permitir fallar
- Nunca pido favores
- Estoy por encima del resto
- Yo no me merezco

Mi YO-COMPASIVO

- ¿Por qué no? ¿Y ahora que hago?
- Tengo que hacerlo lo mejor que pueda
- De los errores se aprende
- Mejor pedir ayuda que perderlo por orgulloso
- Eres único, pero ni por encima, ni por debajo del resto
- No sólo te van a pasar

• Entorno negativo y los vampiros emocionales

Las personas que están a tu alrededor pueden ser una fuente de desmotivación muy grande. De cara a tu reinvención pueden actuar como vampiros emocionales. Intentarán contagiarte sus miedos y convencerte con razones "lógicas" de que desistas. En el caso de los padres, la sobreprotección, el instinto de supervivencia y de no exponerte a ningún riesgo puede anteponerse a tu felicidad. Y aunque la intención de tus padres sea buena, es importante que seas consciente de que puede desmotivarte.

Un entorno negativo puede absorber tu motivación al hacer que te concentres sólo en los obstáculos que vas a enfrentar. Evita a los vampiros emocionales, consumen tu pasión, tus ganas de reinventarte y te proporcionan un sinfín de razones perfectamente lógicas para seguir siendo lo que no quieres ser.

PASOS PARA REINVENTARTE PROFESIONALMENTE

Ya sabes qué cualidades debes tener y de qué debes despojarte para reinventarte, también que la pasión y la tenacidad son clave, pero además es importante tener una visión clara de cómo desarrollar ese sueño. Para volverte la persona que deseas, necesitas crear una estrategia y hacer una valoración realista de la situación, de tus recursos, tus aptitudes y actitudes. Tener buena disposición es importante pero un exceso de optimismo también te puede hacer minimizar los posibles obstáculos que vas a enfrentar y no estar preparado para afrontarlos. No es suficiente desear algo y que "el pensamiento positivo lo atraiga". Aterriza tu sueño en una estrategia que te permita cumplirlo.

187

1° Crea una visión clara de lo que quieres ser

Escribe exactamente comó te quieres reinventar, qué actividades tienes que aprender, cómo las vas a desarrollar. Imagínate cómo será tu vida, cómo será la relación con tus amigos y tu familia, tus fines de semana, tu día a día desde que te levantes hasta que te acuestas. Tómate el tiempo para pensar en los detalles de cómo será la nueva rutina. Sueña con lo que deseas.

2° Establece objetivos a largo plazo

Escribe dónde quieres llegar, cuál será tu meta final. A partir de eso, establece pequeños objetivos hasta llegar a ella.

3° Establece objetivos a corto plazo

Para fijar los pequeños objetivos habla con personas que han llegado a lo que tú deseas. Pregúntales qué complicaciones tuvieron, qué es lo que más les gustó. Nuestro Yo soberbio a veces nos dice "demuestra que puedes solo", pero lo cierto es que no hay necesidad de cometer los errores que otros cometieron.

4° Identifica los recursos que necesitarás

Poca gente habla del costo emocional que implica reinventarse profesionalmente, no sólo en lo personal también en el entorno familiar y de pareja. Es importante explicar a tu gente cercana lo que va a implicar tu reinvención. Desde el tiempo que le puedes quitar a la pareja o a la familia, hasta lo que puede significar en términos económicos. Hacerles entender lo importante que es para ti reinventarte pero a la vez dejar las reglas claras

Reinvención: plan de acción

5 No tengas prisa, **no te saltes los pasos**

4 Identifica los recursos **emocionales** y **físicos**

3 Establece objetivos a **corto** plazo

2 Establece un objetivo a **largo** plazo

1 Crea una **visión** de lo que quieres ser

de qué cosas son intocables en términos de tiempos familiares. Tendrás que acordar un horario en el que habrá un tiempo dedicado exclusivamente a tu seres queridos. Estos tiempos son reglas no negociables con el fin de guardar el círculo familiar y de la amistad, que son las columnas emocionales de las personas.

Es importante también poner un límite a la cantidad de recursos físicos que se desean arriesgar, con el fin de no descapitalizarse por completo.

5° No tengas prisa, no te saltes los pasos

Disfrutar el camino es casi casi más importante que llegar a la meta. Goza cada parte del proceso de reinvención, abrázalo y vive el presente con la motivación de esa persona que ves en el horizonte, pero siempre saboreando los pequeños momentos.

CÓMO REINVENTARTE EN PAREJA

¿POR QUÉ ES IMPORTANTE REINVENTARTE?

Las relaciones de pareja no son algo estático. Aunque el amor exista, las circunstancias que las rodean se modifican y con ello, las dinámicas emocionales. Pensar en una relación como un ente que no cambia es condenarla al fracaso. Identificar a tiempo detonantes de problemas o situaciones que pueden debilitarla, ayuda a fortalecerla, incluso a salvarla. También hay relaciones que resultan enfermizas y extender su duración puede impactar negativamente en nuestra autoestima. Me refiero a parejas con dinámicas de celos patológicos, chantaje emocional, maltrato, etc. En ocasiones, terminarlas es lo más apropiado. Esto no debe verse como un fracaso. Cualquier relación que nos dejó un aprendizaje y que nos hizo dichosos aunque fuera sólo por un tiempo, no puede ser condenada a una lista negra.

Resolver problemas puntuales en una relación es importante pero a veces debemos dar un paso más allá y transformarla. Hay dos tipos de reinvención. La que se hace con el objetivo de seguir con la relación, en la que se involucran a los miembros de la pareja y la que se da tras una ruptura, que se hace de manera individual.

MOMENTOS EN QUE EMOCIONALMENTE NECESITAS REINVENCIÓN

En pareja

- Maternidad
- Cambio de situación socioeconómica
- Hijos que salen de casa
- Pérdida de la atracción o deseo sexual por la pareja
- Conflicto no resuelto

REINVENCIÓN LA RELACIÓN

Finalización de la relación

- Ruptura de la relación
- Muerte de un cónyuge

REINVENCIÓN PERSONAL

SI MI RELACIÓN NO ES COMO AL PRINCIPIO, ¿ESTÁ CONDENADA AL FRACASO?

No necesariamente. Es más, muy pocas relaciones son como al principio. El problema viene cuando comparas el momento actual con la fase de enamoramiento o amor romántico. Si lo haces, estás caminando directo hacia la infelicidad, pues en ese periodo hay una fuerte idealización de la pareja. Durante el enamoramiento la relación es más pasional. Es un cóctel de emociones intensas, atracción sexual, pasión y relaciones sexuales mucho más frecuentes. Las muestras de aprecio son constantes. Todo el día hay besos, caricias y abrazos, hasta la química de nuestro cerebro cambia. Aumentan los niveles de dopamina y endorfina, lo que nos proporciona un estado de bienestar constante. Actúan incluso como analgésicos y hacen que sintamos menos el dolor. También se elevan los niveles de norepinefrina, lo que incrementa nuestra energía y ganas de hacer cosas. La química cerebral cambia tanto, que se activan las mismas partes del cerebro que cuando se consume cocaína. Es como estar en un "subidón" constante. En la fase de enamoramiento, el misterio, la incertidumbre y la imprevisibilidad, son ingredientes que aumentan el atractivo de nuestra pareja. Todo es nuevo, todo es una aventura. No hay monotonía.

Tras la fase de amor romántico o enamoramiento, que suele durar entre 6 y 21 meses, algunas parejas terminan ya que sólo existía atracción física en la relación y no había compatibilidad de caracteres o de mundos. Otras sí sobreviven al fin de esta etapa y pasan a tener una relación a largo plazo. En esta fase las relaciones sexuales no son tan pasionales ni tan frecuentes, y empezamos a ver a la pareja de una manera más realista. Idealizándola menos y aceptando sus defectos y cosas que no nos gustan tanto. Y no es que nuestra pareja nos hubiera ocultado esos "defectillos", simplemente cuando nos enamoramos, observamos a la otra persona como la queremos ver y no como es en realidad. Esta etapa también tiene muchos aspectos positivos. Tienes la seguridad de que alguien te acepta y ama tal como eres y tú le amas tal como es. La relación es más robusta y serena. Y aunque tu pareja no te excita tan fácilmente, conoce mejor que nadie tus rincones de placer y una vez "que los enciende", lo disfrutas tanto o más que antes.

Cuando tomamos la decisión de compartir nuestra vida con una persona, la serenidad puede volverse rutina y la rutina desembocar en falta de motivación. Aunque la ames, hay que conseguir que te siga motivando y por eso reinventarse en la pareja es vital.

CÓMO SABER SI NECESITAS REINVENTARTE EN TU RELACIÓN

¿Llevas mucho tiempo con tu pareja y aunque todavía se quieren, sientes que te falta algo? ¿Quieres saber si necesitas reinventarte en pareja? En la página siguiente hay una serie de afirmaciones, marca aquellas con las que te identifiques.

¿QUIERES SABER SI NECESITAS REINVENCIÓN?

- [ ] En una semana no se han reído juntos
- [ ] La primera persona con la que quiero compartir una buena noticia ya no es mi pareja
- [ ] Prefiero salir con un grupo de amigos que solo con mi pareja
- [ ] Las vacaciones es un momento para disfrutar de los padres y de los hijos
- [ ] Las relaciones sexuales se han vuelto monótonas
- [ ] Tenemos relaciones sexuales menos de una vez por semana
- [ ] Evito hablar de temas importantes con mi pareja porque siempre discuto
- [ ] Hay cosas que me irritan constantemente de mi pareja y antes no era así
- [ ] Mi pareja ya no me parece atractiva físicamente
- [ ] No compartimos ningún hobby juntos
- [ ] Evito quedarme a solas con mi pareja
- [ ] Hace más de 4 semanas que no me beso pasionalmente con mi pareja

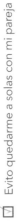

Si marcaste una o dos debes solucionar estos aspectos. Si fueron más de tres merece la pena que te plantees si tu relación necesita ser reinventada.

Antes de pensar en reinventarse, debes identificar los problemas no resueltos que impactan en la relación a tal grado que si no se curan, pueden herirla de muerte. Cambios de casa o empezar a vivir juntos, cambios de trabajo o ser padres, pueden llegar a transformar radicalmente la dinámica de la relación, por no saber la solución de esos problemas.

Hay relaciones que están inmersas en dinámicas enfermizas. Ambos sufren las consecuencias o uno de ellos es maltratado por el otro, física o emocionalmente. El exceso de control de un miembro de la pareja sobre el otro, la humillación y la degradación, impactan negativamente en la autoestima de la persona. En estos casos, la cuestión no es arreglar la relación, sino ver cómo salir de ella. Una vez fuera, es necesario sanar emocionalmente antes de pensar en una reinvención.

Si tu relación te aburre probablemente a tu pareja también. Si no te lo pasas tan bien como antes, tal vez la otra persona tampoco. Pero peor que el aburrimiento es la resignación, si te resignas a que nada se puede cambiar y no haces nada, probablemente la relación cambiará para peor. Poco a poco se distanciarán y perderán la complicidad que les unía, hasta tal punto que el nudo que amarraba con fuerza el uno al otro, se deshaga sin que se de cuenta.

CÓMO REINVENTARTE SEXUALMENTE

Hay un dicho inglés muy cruel pero que tiene algo de razón: *no importa que tan guapo o guapa sea alguien, su pareja ya está un poco cansada de verle.* No lo considero totalmente acertado pero sí es cierto que después de un tiempo, la rutina impacta en las relaciones sexuales. Incluso en las parejas que se llevan bien y que todo funciona, la frecuencia de las relaciones, el nivel de atracción y consecuentemente la excitación, disminuyen con el tiempo.

Los besos son un buen termómetro para saber cómo están los niveles de pasión sexual. Aunque no se puede generalizar, lo cierto es que en muchos casos funcionan como un gran indicador. El intercambio de saliva y el contacto con la lengua, ayudan a conocer qué tan pasional es la relación. Si no se besan con intensidad durante el sexo, es una clara señal de que la llama de la pasión se está apagando.

En la mayoría de las parejas que llevan mucho tiempo, normalmente el problema no es que la relación sexual en sí no sea placentera, sino que las fases iniciales de la respuesta sexual, o sea el deseo y la excitación, no se producen tan rápido. Cuando esto sucede, lo primero que debe recuperarse es la atracción y el deseo.

Percibimos el cuerpo de nuestra pareja como algo tan nuestro que eso dificulta que nos atraiga y excite tanto como antes. Aunque amemos a la pareja, nuestro cuerpo y nuestros instintos actúan de otra manera. Para nuestro cuerpo lo excitante es ir a otro lugar, descubrir otro cuerpo. Eso genera atracción y excitación. Por eso cuando tenemos una discusión con nuestra pareja, las reconciliaciones vienen seguidas de una buena relación sexual. Sabiendo esto, debemos aprender a engañar a nuestros instintos, introduciendo misterio y la idea de que vamos a otro sitio y crear un lugar nuevo y excitante con nuestra pareja. Entonces, ¿quieres reavivar la llama de la pasión? ¡Sigue estos pasos!

Cómo reavivar la pasión
Pasos para reinventarse sexualmente

- Cambia de imagen

  No tiene que ser radical y debe estar conectado con lo que tú eres. Muchas veces nosotros mismos nos apagamos porque ya no nos sentimos tan bien con nuestro cuerpo. Apúntate a un gimnasio primero, debes sentirte bien contigo para que tu pareja se sienta atraída hacia ti.

- Cambia tu estilo sin dejar de sentirte tú

  Seas hombre o mujer, prueba un cambio de peinado, de uso de colores. No te olvides de la ropa interior. Si siempre has utilizado un color y un estilo, intenta con otros. Tu pareja se sentirá más atraída de forma instintiva e inconsciente a algo nuevo y excitante.

- Cambia de olor

  El olor tiene un papel vital en la atracción sexual. Jugar con el olfato para despertar el deseo de nuevo es importante. Pero no temas, tu esencia personal es imposible de cambiar. A través de la piel, del sudor, liberas información de tu material genético y eso no hay perfume que lo quite. Lo que sí puedes modificar es el matiz inicial de tu olor. Si cambias de fragancia o de jabón corporal, tu pareja te sentirá distinta pero seguirá reconociendo tu esencia.

- Cambia de lugares

    Engaña a tus sentidos. Nuestro cuerpo crea rápidamente patrones predecibles de lugares, se acostumbra. Cuando hace esto se relaja y presta menos atención. Si vas con tu pareja a un sitio nuevo, como no estás acostumbrado a él, se enciende tu sistema de alerta, prestas más atención a todo y tus niveles de adrenalina suben.

Ya que lograste que la atracción vuelva, es momento de aumentar la tensión sexual. Para ello existen distintas estrategias.

Estrategias para aumentar la tensión sexual

- Establecer un periodo de abstinencia

    Si te digo que no pienses en una cebra, ¿en qué piensas? En una cebra. Basta que no puedas hacer algo para desearlo más. Esta es una de las razones por las que muchos de los métodos anticonceptivos naturales no funcionan. Es suficiente con que te digan que no puedes tener sexo durante un periodo del mes, para que quieras tenerlo. Acuerda con tu pareja un tiempo de abstinencia sexual no mayor a dos semanas, en el que aunque haya mucho coqueteo, no tengan relaciones sexuales. Repítete "no podemos tener sexo" y te volverán las ganas más rápido de lo que piensas.

- Redescubre partes de tu cuerpo y del suyo.

    La genitalización de la sexualidad ha truncado el disfrute del placer a la mitad. Hay muchos puntos en nuestro cuerpo y el de nuestra pareja que no conocemos y de los que podríamos disfrutar muchísimo. Cabeza, cara, pies, rodillas, si son estimulados de forma adecuada, se convierten en interruptores para encender a la pareja. Es importante también que descubras esos puntos sensibles en tu cuerpo. Explórate y conócelos.

* Incluyan novedades y juegos.

La gran mayoría de las parejas que llevan más de 5 años tienen 2 posiciones preferidas en el sexo, utilizan uno o dos distintos tipos de besos, y tocan y acarician la misma parte del cuerpo de su pareja. La relación sexual aunque placentera, se vuelve mecánica. Cada vez le dedican menos tiempo a los preliminares y los "posliminares", que son las muestras de afecto tras la relación y que en las relaciones a largo plazo son casi inexistentes. Juguetes, historias, nuevas posiciones, disfraces, juegos de rol, todo está permitido en las relaciones sexuales. Hay que darse la oportunidad de ser amantes sin preocupaciones, sin compromisos, con el único objetivo de disfrutar dando y recibiendo placer. Eso sí, es vital que ambos estén de acuerdo y lo que hagan no represente un daño para la pareja ni para terceros.

REINVENCIÓN EN LA CONVIVENCIA

Una relación de pareja es como las cuerdas de una guitarra. No deben estar tan tensas que se rompan ni tan flojas que no suenen. Cuando la relación es muy pasional e intensa, los conflictos suelen ser mayores, lo que puede acabar rompiéndola. Cuando es muy serena, pueden entrar el aburrimiento y la monotonía, y como las cuerdas de la guitarra están demasiado flojas dejan de crear un buen sonido. Una relación de pareja no puede estar siempre en la zona de confort ni

considerar una crisis como un fracaso. Las crisis en la pareja son una buena oportunidad para crecer, para reinventarse. Eso no quiere decir que no sean dolorosas, pero sí pueden fortalecer una relación. Muchas relaciones de pareja se acaban porque los vínculos que les unían se rompen poco a poco, hasta que un día se dan cuenta de que no hay nada que les una más que la inercia. Mejor una pareja con conflictos que con indiferencia. La resignación es un claro paso hacia la indiferencia y la indiferencia es lo contrario al amor. Para reinventarse en pareja es necesario que la relación se renueve. Que vuelvan a sorprenderse, a reír juntos, a disfrutar proyectos comunes. Darse cuenta que sientes como individuo pero también en pareja.

Pasos para reavivar la convivencia

- Aprendan juntos una actividad nueva

  Según los resultados de las investigaciones de los psicólogos Arthur y Elaine Aron, compartir el aprendizaje de actividades nuevas fortalece el vínculo de las parejas y sobre todo de aquellas que llevan mucho tiempo juntas. Se redescubren a sí mismos y al otro en un ambiente completamente distinto; en definitiva, descubren nuevos horizontes de sí mismos y de sus parejas.

- Retomen algo que dejaron de hacer

  Si una persona está infeliz e insatisfecha, difícilmente estará feliz en pareja. Por eso es tan importante analizar qué aspectos de tu crecimiento personal se han visto truncados por la relación o circunstancias alrededor de ella. Muchas de las frustraciones y resentimientos que tenemos con nuestra pareja, son fruto de lo que sentimos que dejamos de hacer por ella. En algunas parejas, la paternidad y la maternidad representan el dejar de lado muchos de los sueños con el fin de sacar adelante a la familia. Por eso es importante no descuidar tu desarrollo personal o si lo has hecho, vuelvas a darle importancia. Si abandonaste un interés o afición, retómalo.

- Practica una actividad que implique cierto riesgo

  Paracaidismo, ciclismo, patinaje o cualquier actividad en la que ambos experimenten un subidón de adrenalina, ayudará a fortalecer sus vínculos emocionales. Si no son muy dados a los deportes extremos, no importa. Apúntense a una clase de baile. En este caso el miedo al ridículo o a equivocarse en un paso, puede crear el mismo nivel de adrenalina y les hará sentirse más unidos en una situación que implica un riesgo.

- Viajen solos

  Planeen un viaje solos a un lugar desconocido para ambos. Aislarse de la rutina, de la gente que sin querer interfiere en la pareja y estar solos frente a nuevos retos, fortalecerá los vínculos emocionales y también la complicidad entre ustedes. En ocasiones bastan unas vacaciones en pareja para reencontrarse con la esencia de lo que los unió.

- Amplíen su círculo de amistades

  Aunque tengan amigos de toda la vida y disfruten estar con ellos, busquen otros círculos en los que puedan descubrir otras facetas de ti y de tu pareja, interactuando en otros ambientes y con otra gente.

- Visiten a un terapeuta

    En muchas ocasiones acudir a un psicólogo es recomendable. No porque necesites terapia sino porque requieres de alguien que te ayude a hacer un planteamiento más objetivo de tu vida. Nuestras relaciones son como una madeja de lana. Si está enredada, es imposible tejer un jersey. No es que la lana no sea buena, simplemente necesita que le quitemos los nudos para volver a rehacer un ovillo. Un psicólogo puede ayudarles a encontrar esos puntos de conflicto y guiarlos hacia su resolución para entonces sí, tejer una relación más sana.

¿POR QUÉ CUESTA TANTO DESENGANCHARSE DE UNA PAREJA QUE NO NOS CORRESPONDE?

¿Qué nos hace aguantar tanto a una pareja que nos maltrata? ¿Por qué seguimos ahí cuando sólo nos da señales de indiferencia? ¿Qué tiene el rechazo que nos engancha tanto?

> Añoro las noches que no pasamos juntos, las conversaciones que no tuvimos, porque la realidad nunca va a ser tan buena como mi fantasía.
>
> ANÓNIMO

Hay quienes perciben el rechazo como el abandono y el reencuentro con ese monstruo del que ya hemos hablado llamado soledad. Ese miedo a estar solos impide que se alejen de la otra persona aunque no la amen.

Cuando evitamos una situación por miedo, generamos un estado ansioso constante porque en el fondo, en la parte de atrás de tu cabeza, ese pensamiento está activado. Entonces, la mayor parte de las decisiones que tomes estarán enfocadas a evitar que te dejen y no en reinventarte.

Aunque duela escucharlo, cuando en una relación de pareja uno de ellos no ama lo suficiente o lo hace de manera destructiva, lo difícil pero necesario es dejar esa relación.

Cómo superar el final de una relación

Tanto tras la ruptura con la pareja como tras la muerte de ésta, debe atravesarse la fase de duelo. Sin una aceptación total de que esa relación se acabó, es muy difícil reinventarte, pues sigues anclado a un puerto que no te deja avanzar y puede acabar hundiéndote.

Es tan fácil hablar y dar consejos pero tan difícil vivir el sentimiento de vacío que deja la ausencia de la persona que fue la columna que sujetaba tu edificio emocional. Sin darte cuenta empiezas a recordar los buenos momentos cuando la pareja estaba presente, te elevas a lo más alto y empiezas a revivir esa sensación de plenitud, para en cuestión de segundos caer en la desolación absoluta de lo que no volverá.

Es duro hacer lo que te voy a decir a continuación pero si lo llevas a cabo, con la voluntad clara de abandonar el sufrimiento, el dolor transformará gradualmente en una sensación de alivio. Finalmente estarás preparado para volver a saborear las cosas bellas que tiene la vida.

No aprender a controlar nuestros pensamientos puede ser muy dañino. Normalmente los recuerdos nostálgicos son

selectivos y sesgados hacia lo positivo. Es decir, se difuminan los momentos malos y se realzan los buenos. Esto hace más difícil superar una ruptura amorosa. El sufrimiento tras el fin de una relación es tal, que hay personas que acaban en una depresión profunda. Superar correctamente una ruptura es vital y el no tener miedo a pedir ayuda profesional también. No es que no lo puedas hacer solo. Como las heridas físicas, la heridas emocionales pueden cicatrizar sin ayuda. Pero siempre es mejor limpiarlas y desinfectarlas. Aunque al principio la curación duela más, el proceso de sanación será más rápido y será más difícil, que dejen cicatriz. Como las cicatrices físicas, las cicatrices emocionales se vuelven traumas y los traumas impactan fuertemente en tu presente.

Tanto como si termina la relación como si se muere la pareja, el proceso de duelo es parecido. Debes superar las distintas fases para que éste no se vuelva un trauma:

FASES TRAS LA RUPTURA AMOROSA

Te dejan

ESTADO EMOCIONAL 4

Incredulidad

ESTADO EMOCIONAL 3

Aceptación

Sufrimiento, desorganización

ESTADO EMOCIONAL 2

Reorganización

ESTADO EMOCIONAL 4

Satisfacción

ESTADO EMOCIONAL 7

No importa cual sea tu duelo, es necesario aprender a parar la espiral de sufrimiento para acabar con la inercia de dolor.

Aprende a detener la espiral del sufrimiento

Durante el tiempo que estuvieron juntos construyeron muchos recuerdos. Ahora hay sitios, olores, eventos, canciones, películas, que te transportan a la relación. Al evocarlos, comienza el bucle del dolor. Revives el momento y generas respuestas positivas como una sonrisa o dilatación de las pupilas. Por un instante te sientes bien hasta que te das cuenta que esa persona ya no está contigo. Comienza entonces una cascada de tristeza, malestar y frustración. Es importante romper con esa espiral del sufrimiento y para ello debemos aprender a tener un mayor control de nuestros pensamientos, e identificar en qué momento nos impiden salir adelante. Un método muy efectivo es la técnica de parada de pensamiento.

Crea tu espiral de resurgimiento

Caer en una espiral de sufrimiento detonada por un recuerdo de la pareja, es fácil; por eso, tienes que obligarte a parar tu inercia. Para esto debes crear un bucle o una espiral de resurgimiento que en vez de hundirte, te eleve y te haga salir del abismo.

La idea es que cada vez que te acuerdes de la relación, pares ese pensamiento que te lleva a una cascada de sufrimiento. ¡Páralo! y de inmediato incluye una afirmación lo suficientemente contundente para frenar el resto de pensamientos relacionados. Por ejemplo:

"Esa persona ya se ha ido y no volverá."

Seguido de una afirmación positiva de lo que quieres conseguir. Por ejemplo:

"Yo estoy vivo y todavía me quedan muchas cosas por disfrutar."

Si ves una pareja bailando y de repente te llega a la cabeza la imagen de tu expareja bailando contigo, antes de recrearte en los momentos maravillosos y luego caer en picado, deten ese pensamiento con *"esa relación acabó"*, e inmediatamente piensa en algo como *"voy a volver a pasármela bien bailando"*. Imagínate bailando solo o con otros, incluso con personas famosas. Recréate en ese pensamiento positivo que al menos te dará una sensación de bienestar. Cuando luchas contra corriente y rompes la inercia, dejas de caer en ese bucle del sufrimiento para pasar a una espiral de resurgimiento. Ese es el primer paso para salir de esa situación que es tan difícil, tan dolorosa, tan hiriente.

Bucle del Sufrimiento

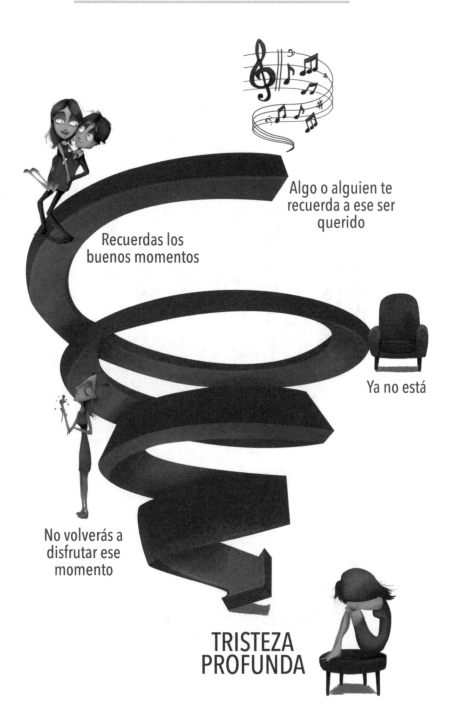

Algo o alguien te recuerda a ese ser querido

Recuerdas los buenos momentos

Ya no está

No volverás a disfrutar ese momento

TRISTEZA PROFUNDA

BUCLE DEL RESURGIMIENTO

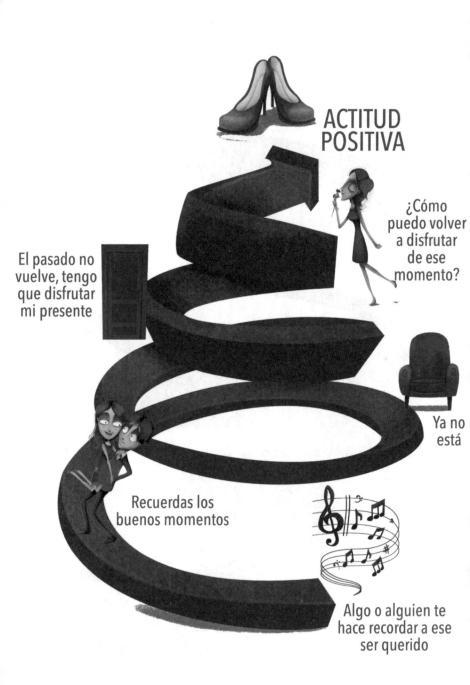

ACTITUD
POSITIVA

¿Cómo
puedo volver
a disfrutar
de ese
momento?

El pasado no
vuelve, tengo
que disfrutar
mi presente

Ya no
está

Recuerdas los
buenos momentos

Algo o alguien te
hace recordar a ese
ser querido

Aprende a disfrutar tu soledad

El idioma inglés tiene dos palabras para definir la soledad. *Solitude* que se refiere a soledad escogida y que se disfruta, y *loneliness* que es una soledad amarga, en la que sientes un vacío que llega hasta el fondo de tu ser. Este último tipo de soledad es la que tememos. Muchas de las cosas que hacemos son por evitar la soledad que nos produce vacío, que nos hace sentir solos.

Aprender a vivir contigo mismo hará que no te sientas solo. Para ello es necesario ver en la soledad a un buen compañero en el que puedes mirarte y que te otorgará un centro de gravedad sólido. Antes de reinventarnos y para no acabar en el lugar erróneo ni con la persona equivocada, tenemos que aprender a vivir con nosotros mismos y con nuestra soledad.

¿Cómo aprender a vivir con la soledad?

Hay quien dice que a la soledad hay que enfrentarla. Dicho así suena como algo negativo. Yo prefiero, utilizar el término abrazarla. Mejor aceptarla poco a poco que evitarla y tenerle miedo. Si no aprendes a vivir con ella, la mayoría de tus decisiones se enfocarán en evadirla.

Al leer el capítulo anterior te diste cuenta de que muchos de tus miedos están basados en una baja autoestima. ¿Qué tiene tu propia compañía que no te gusta? ¿Por qué te duele tanto sentirte solo? ¿Para ti la soledad es sentirte rechazado? ¿No sentirse querido? ¿Qué hay detrás de la soledad que temes tanto?

Te propongo un ejercicio. Todos los días dedícate un tiempo a estar solo, sin distractores. Sin teléfonos, libros, nada. Túmbate y dirige tu atención hacia lo que más miedo te da, al fondo de esa soledad, de eso que temes tanto. Ahora encuéntrate en esa soledad. Abrázala y permanece en ella, no te vayas, no la dejes. Llora si es necesario hasta que te encuentres a ti mismo y te sientas a gusto, no por estar solo, sino porque disfrutas de tu propia compañía. Si haces de este ejercicio un hábito, te darás cuenta que poco a poco buscarás más momentos para estar contigo, para abrazarte emocionalmente. También verás cómo se modifican las dinámicas que generas a tu alrededor, especialmente con tu pareja. Cuando sientas que te tienes y amas tu soledad, te será mucho más fácil tomar decisiones correctas. El amor propio es uno de los grandes motores de cambio.

¿POR QUÉ ES TAN DIFÍCIL REINVENTARSE TRAS LA MUERTE DE LA PAREJA?

Para las personas que llevaban prácticamente toda la vida con su pareja y ésta muere, el reinventarse es muy difícil. Muchas veces ni siquiera recuerdan ya cómo era la vida como persona independiente. Si la causa de muerte fue una enfermedad, el agotamiento del cuidado diario durante el periodo de convalecencia hace que la factura emocional sea aún mayor. A la tristeza profunda de perder al compañero de vida se unen un sentimiento de derrota y un gran agotamiento físico. Muchas veces hay también descuido de la propia salud ya que durante el padecimiento, las energías se enfocaron en cuidar a la pareja.

Cómo reinventarse tras la muerte de la pareja

Dejar de sufrir la ausencia de alguien no puede ser tu meta. Sólo vives una vez y por eso tu objetivo final debe ser rein-

ventar tu vida y para ello reinventarte tú. Esto es más difícil de lo que parece. Al vacío emocional de perder a la persona querida, se le une la indefensión de no saber enfrentarse a tareas rutinarias que pueden ser sencillas pero que nunca hiciste sola. Te volviste tan dependiente de la pareja, te apoyaste tanto en ella, que dejaste de aprender muchas cosas. Los dos eran un equipo perfecto y las fortalezas de uno suplían las carencias del otro.

Si la relación terminó o si tu pareja murió, después de pasar la fase de duelo, debes parar el bucle de sufrimiento, resurgir y aprender a vivir con tu compañía. Comparto contigo los siguientes puntos que van enfocados a tu reinvención.

- No trates de copiar el estilo de vida que tenías con tu pareja

  Recuerda, no hay que reconstruirse hay que reinventarse. No intentes tener el mismo estilo de vida que compartías con tu pareja. Crea uno nuevo. Piensa bien cómo te gustaría ser. Olvídate del qué dirán. Rescata las cosas que te gustaban antes de empezar la relación. Si te apasiona algo que hacías con tu pareja, encuentra la forma de aún hacerlo pero de una forma distinta.

- Mejora tu condición física y de salud general

  Está demostrado que si duermes bien, comes sanamente y haces deporte, tienes menos probabilidades de sufrir depresión. Por muy mal que te sientas, oblígate a seguir una rutina de ejercicio. Al principio será difícil ser constante pero si lo logras, verás que empiezas a obtener resultados. El ejercicio físico ayuda a balancear la química del cerebro ya que se liberan sustancias que actúan como antidepresivos naturales. Además, verás que tus niveles de energía mejoran y los cambios en la apariencia física impactarán positivamente en tu autoestima.

- Haz una lista de lo que soñaste hacer desde tu infancia y trata de cumplirla

¿Dejaste de lado sueños y aspiraciones por concentrarte en la relación? Ya no hay excusa para no cumplirlos. Es más, no pienses sólo en lo que abandonaste por dedicarte a la pareja. Ve más atrás. Piensa en todo lo que has querido hacer toda tu vida y aprovecha la oportunidad que se te presenta para realizarte como individuo. ¿Quieres aprender a patinar desde que tenías 7 años? Llegó el momento. Compra unos patines y corre al parque. Déjate ser quien siempre deseaste.

- Favorece los reencuentros

Cuando estamos en una relación dedicamos buena parte de nuestro tiempo a la pareja y descuidamos otros vínculos. Por ejemplo, los amistosos. El regreso a la soltería es el momento perfecto para retomar esos lazos cariñosos con quienes son afines a nosotros y nos ayudan a desarrollarnos como personas. Procura a tus viejas amistades y fortalece la unión.

- Busca un círculo de amigos nuevo

Además de los buenos amigos, que siempre hay que tenerlos cerca, también es recomendable hacer nuevas amistades. Sal de casa y conoce gente diferente. Quizá esas personas que te conocerán sin pareja, descubran cosas sobre ti que ni siquiera tú conoces. Ampliar el círculo social te ayuda a convivir con otras formas de pensar, de las que incluso puedes retomar aspectos para tu reinvención. También ayuda a refrescar el ambiente

que te rodea. Nuevos amigos que no dominen tu historia, tendrán diferentes expectativas sobre ti. Eso puede ayudarte a construir la persona que deseas.

- Haz una lista de lugares que te gustaría visitar y planea tu viaje

  ¿Tokio? ¿Nueva York? ¿Granada? ¿Chiapas? ¿Qué lugar del mundo te gustaría conocer? Planea ese viaje que siempre has deseado. Visitar un sitio nuevo es darte una oportunidad para muchas cosas. La poca familiaridad con el lugar hace que prestes más atención a lo que lo distingue. Obligas a tus pensamientos y sentidos a vivir el presente, te da la oportunidad de conocer gente de una cultura distinta, amplía tu universo y te da más ideas para tu reinvención. Para convertirte en la persona que quieres ser.

MITOS Y PREGUNTAS SOBRE LA REINVENCIÓN

 ¿HAY UNA EDAD TOPE PARA REINVENTARSE?

No, simplemente debes tomar la decisión. Puedes hacerlo a los 20, a los 40 o a los 60. Es más, puedes reinventarte aunque tengas 80 años. De hecho, si llega un momento en el que decides que ya no puedes reinventarte, hacer lo que te gustaría hacer o ser quien te gustaría, es porque una parte de ti está apagada. Esto puede provocar que te sientas muerto en vida. Las limitantes están en tu cabeza, no en tu edad.

¿CUÁL ES EL MAYOR OBSTÁCULO PARA NO SEGUIR TUS SUEÑOS?

Tú mismo y el miedo que tienes a no conseguirlo. Esto es porque en el fondo no te sientes lo suficientemente capaz de alcanzar tus ilusiones. El terror a fallar puede hacer que te distraigas en otros objetivos o encuentres excusas para no concentrarte en cumplir tus deseos.

¿QUÉ PASA CUANDO A TUS AMIGOS NO LES GUSTA QUE TE REINVENTES?

Reinventarte implica transformar muchas de tus facetas. En ese reajuste abrazas más fuerte algunos aspectos de tu vida, mientras en otros incluso tratas de desvincularte. Si de re-

pente decides reinventarte profesionalmente o en tu relación de pareja, es probable que quieras dejar ciertas actividades que te unían con tus amigos, porque pueden interferir
de manera negativa en tu reinvención. Te pongo un ejemplo.
Si tu rutina consiste en salir todas las noches a beber com-
pulsivamente hasta perder la consciencia y decides hacerte vegetariano y dedicar tu vida a la contemplación, lo más
probable es que dejes de lado a los amigos de la "fiesta",
especialmente si sólo los unía el alcohol.

A veces la reinvención implica sacar de tu vida a gente
que te dañó pero también volver a incluir a personas que
hiciste a un lado. En ocasiones la vida nos lleva por caminos
distintos a los de los viejos amigos y se presentan situaciones que nos van distanciando cada vez más. Si en el camino
de la reinvención descubres que hay personas a las que no
ves hace tiempo y que te gustaría que volvieran a tu vida,
búscalas. También es importante que en el proceso dedi-
ques tiempo a convivir con tus verdaderos amigos, aunque
tu reinvención signifique que coincidirán menos. Es necesario entonces que lo hablen y hagan el esfuerzo de reunirse
periódicamente y mantener la comunicación para no permitir que se desgasten los lazos afectivos.

¿SALIR DEL CLÓSET ES REINVENTARTE?

Sí, es una de las grandes reinvenciones. Reconocerte como
la persona que eres y que quieres ser ante la sociedad. Ser
coherente con la orientación sexual que has escondido por
miedo a decepcionar las expectativas de los otros o a ser
atacado. Aunque la gran mayoría de la gente que sale del
clóset se siente mejor una vez que lo hacen, es un proceso difícil y puede implicar mucho sufrimiento. Comunicar tu
orientación sexual a la gente que te rodea debe ser una de-

cisión completamente personal. Nadie debe apresurarte a tomar una determinación si tú no crees que estás preparado para ello.

¿IDEALIZAMOS LOS RECUERDOS DEL PASADO?

Depende de la persona. Si aún la queremos, la tendencia es a idealizarla. Si la detestamos, hacemos lo contrario, decidimos recordar los aspectos negativos y los malos momentos que nos hizo pasar. Los recuerdos nostálgicos son los que están sesgados positivamente. Es como si nuestra cabeza quitara todo el "ruido" negativo y se quedara con lo bueno. Por eso cuando seguimos amando a alguien que se ha ido, es más difícil olvidarle.

Si la otra persona nos dañó o ya no la queremos, nuestro cerebro selecciona las experiencias negativas, a tal grado que olores o sabores nos pueden resultar desagradables pues los asociamos con experiencias compartidas.

¿LA GENTE PESIMISTA TIENE DISTINTA MEMORIA?

Sí. Tienden a ser selectivos y recordar más las experiencias negativas y los momentos traumáticos. Dos personas pueden tener recuerdos completamente opuestos del mismo evento. Somos lo que decidimos recordar. Por eso es tan importante que asociemos los acontecimientos negativos con detalles positivos. Por ejemplo, en el caso de un accidente, pensar en la solidaridad, el cariño y el apoyo de los que estuvieron ahí para ayudarnos. Hacer el esfuerzo por recordar la parte positiva es un salvoconducto para la felicidad. Como decía Gabriel García Márquez: "La vida no es la que uno vivió, sino la que uno recuerda y cómo la recuerda para contarla."

¿LA LEY DE LA ATRACCIÓN FUNCIONA?

El libro *El Secreto* de Rhonda Byrne, fue el boom mundial del pensamiento positivo, y aunque hay psicólogos como Matin Seligman con una gran trayectoria de investigación al respecto, Rhonda Byrne fue la que caló en el gran público de la mano de la autoayuda. Según la autora, tus deseos se pueden volver realidad si los decretas, o lo que es lo mismo, la lámpara de Aladino está en nuestro cerebro y no lo sabemos. ¿Es esto verdad?

No totalmente. Incluso hay varias corrientes en contra de ese tipo de pensamiento positivo. Que todo saldrá bien porque así lo decretas y precisamente por eso lo vas a atraer, no siempre ocurre. Lo que sí es cierto es que si además de tus deseos tienes claro un objetivo, generas una estrategia de actuación, trabajas duro y te predispones positivamente a conseguirlo, es mayor la probabilidad de lograrlo.

En resumen, más que con la **teoría del deseo-atracción**, citando a Paulo Coelho, "*cuando una persona desea realmente algo, el universo entero conspira para que pueda realizar su sueño*", me quedo con la **teoría de la acción-atracción**, citando a Picasso: "*La inspiración existe, pero tiene que encontrarte trabajando.*"

¿SE PUEDE FAVORECER LA BUENA SUERTE?

La mayoría vamos a enfrentar acontecimientos desafortunados y afortunados que no dependen de nosotros. Pero también podemos favorecer la buena suerte, y las investigaciones en el campo de la psicología explican la razón por la que esto ocurre. Según el psicólogo Richard Wiseman, nuestra forma de pensar es la que hace, en la mayoría de los casos, que tengamos buena o mala suerte. Si sientes que eres una persona con suerte, la probabilidad de que tengas buena suerte será alta. Lo mismo sucede al contrario. En muchas ocasiones la suerte no es algo que te pasa, es algo que tú creas. La clave de las personas que sienten que tienen buena suerte es que piensan tenerla y están motivadas a crear su propia buena suerte trabajando duro e intentando las cosas. Minimizan los eventos desafortunados y siguen pensando y trabajando positivamente, creando así nuevas oportunidades. Si no en todas, al menos en alguna de ellas, resultarán beneficiados.

Quienes se perciben como individuos con mala suerte tienden a resaltar los eventos desafortunados y a desmotivarse. Dejan de intentar las cosas pensando que todo depende del destino y nada de ellos mismos.

Hay grandes catástrofes, accidentes y enfermedades que no dependen de nosotros. En estos casos, lo mejor es superar la situación o intentar salir de ella de la manera más constructiva posible. Buscar razones del "*por qué a mí*" sólo ayuda a hundirse más. No hay nada más desalentador que ante un evento desastroso alguien te diga *por algo pasan las cosas*. Ese "por algo", hace pensar al que lo escucha que merece la desgracia. Siempre es mejor sustituirlo por "de todas las experiencias podemos aprender y volvernos mejores personas."

4
APRENDIENDO A SER FELIZ

La felicidad es interior, no exterior.
Por lo tanto, no depende de lo que tenemos, sino
de lo que somos.

— HENRY VAN DYKE —

Durante años, la psicología se dedicó a estudiar la enfermedad, la depresión, el sufrimiento y los trastornos emocionales. Martin Seligman resultó innovador en este aspecto. Tras investigar durante mucho tiempo la depresión advirtió que gran parte de los problemas relacionados con el dolor emocional proceden de un enfoque incorrecto. Nos centramos en prevenir el sufrimiento en vez de fomentar la felicidad. Al enfocarnos en ser felices, la probabilidad de padecer trastornos emocionales se reduce significativamente. En definitiva, ser felices es la mejor manera de prevenir trastornos emocionales. Pero si todos buscamos la felicidad, ¿por qué nos cuesta tanto ser felices? Probablemente, uno de nuestros grandes impedimentos es tener una idea errónea e inalcanzable de lo que es la felicidad. ¿No crees conveniente reflexionar sobre lo que es la felicidad para ti?...

¿QUÉ ES SER FELIZ?

El término felicidad es uno de los más difíciles de definir por su variedad de interpretaciones. La mayoría de las personas piensan en la felicidad como una meta, un sitio al que deben llegar tarde o temprano … ¡o habrán fracasado en la vida!

Si le preguntas a alguien qué es la felicidad y te responde con la descripción de momentos concretos de su vida, con una sonrisa de oreja a oreja ¡como si lo estuviera reviviendo!, esa persona sabe de felicidad. Pero si te responde con un imposible o con una utopía, si persigue una meta con la mirada perdida en el infinito, no la verá cuando pase a su lado. Esa idea de las películas de Hollywood y de Walt Disney nos ha afectado negativamente al situar la felicidad en el mañana, como un objetivo final en vez de como algo presente, aquí y ahora.

Desde pequeños nos transmiten la idea de que la felicidad es el final de un cuento que acaba bien. "Fueron felices para siempre", ése es el final de la búsqueda de la felicidad o el resultado de encontrarla que muchos conocemos o esperamos. Creemos que la felicidad es una meta, algo que debemos alcanzar. Llegamos y… THE END, como dirían en el cine.

Pues no. Interpretar así la felicidad nos puede frustrar si no lo logramos. Permíteme explicarlo mejor: la felicidad no es una meta, es un estado y además, no es permanente. No se trata de ser felices, sino de estar felices. Sentir la felicidad sin aferrarte a ella.

¿Por qué es un error pensar que la felicidad es un logro o una meta a la cual llegar? Simplemente porque si pensamos así, la felicidad nos pasará por encima y fijaremos la mirada en esa quimera que todo el mundo persigue sin ver que ya la podemos tener a nuestro lado.

No hay que perseguir, todo lo contrario, hay que parar y prestar atención. Sentarnos a disfrutar y saborear lo que ya tenemos, lo que cada instante de la vida te regala.

LA FELICIDAD, ¿ES LA BÚSQUEDA DEL PLACER?

La búsqueda del placer es una manera de disfrutar la vida, pero la felicidad no puede basarse únicamente en eso. Hay momentos muy placenteros en la vida, sin embargo, basar nuestra felicidad en ellos es hacernos esclavos de algo que no siempre depende de nosotros. A nadie le amarga un dulce y no es cuestión de rechazar los momentos de placer, la clave está en convertir cada momento en algo único y disfrutarlo. Es decir, desarrollar la capacidad de gozar la mayoría de las experiencias que nos ofrece la vida y no sólo las que son más placenteras.

¿POR QUÉ ALGUNAS EXPERIENCIAS DOLOROSAS PUEDEN HACERNOS SENTIR MÁS FELICES?

Dependiendo del tipo de persona a la que le sucedan, las experiencias traumáticas pueden ser una oportunidad para ser feliz. Si la persona es negativa, las experiencias desgraciadas acabarán afectándola negativamente de por vida, ya que sus recuerdos se fijan más en las cosas malas que le ocurrieron y en lo que perdió. Pero también hay personas a las que una experiencia dolorosa les sirve para valorar más el presente, una vez que han sanado esa herida emocional. Perciben la

225

experiencia traumática como algo doloroso que ya pasó y el alivio de no vivirla más les hace valorar y disfrutar más el presente. Saber que nos gusta nuestra vida no es lo mismo que estar conscientes de cuánto nos gusta. Basta que una experiencia traumática nos quite algo que apreciamos para darnos cuenta de la diferencia. Por esta razón, para algunas personas un acontecimiento traumático representa el punto de partida para empezar a ser felices.

Un claro ejemplo de situación traumática que supuso un parteaguas para disfrutar su vida fue la que experimentó la psicóloga Shulamit Graber. Como narra en su libro, *Agonía en la incertidumbre*, tras su secuestro no sólo logra negociar su libertad sino que ese evento tan difícil y doloroso la hizo crecer y valorar más el día a día y por tanto, ser más feliz.

> Hubo un momento, tal vez un instante puntual durante mi cautiverio donde sentí que tal vez era el último minuto de mi vida; pensé, si es el último instante de mi vida ¿Qué me faltó por vivir? Y si vivo, ¿qué haría diferente? ¿qué cambiaría de mi vida? Después de transitar por cualquier experiencia "límite", tal vez no logremos responder a todos los "por qué" ni los "si hubiera" tampoco estoy segura de encontrar explicaciones lógicas, sensatas y congruentes que nos dejen en paz con lo que vivimos, pero de lo que sí somos responsables es de lo que elegimos hacer con lo que vivimos, porque lo que nos marca en la vida no es lo que vivimos sino lo que hacemos con lo que vivimos
>
> (SHULAMIT GRABER)

¿Naces feliz o puedes aprender a ser feliz?

A menos que exista algún padecimiento emocional como depresión o algún trastorno mental, la mayoría de nosotros podemos aprender a ser felices. De nuestros padres heredamos la manera de interpretar y disfrutar la vida. Por eso quienes vienen de familias optimistas, que disfrutan la vida, tienden a ser más felices que aquellos con padres pesimistas y negativos. Si eres de los que tienen unos padres que se dedican a filtrar selectivamente los eventos negativos y suelen ser tremendistas, la buena noticia es que puedes aprender a reinterpretar los acontecimientos de tu vida de manera más positiva. Hasta hace poco la psicología daba mucho peso a la infancia como un factor determinante para ser o no felices. Esta etapa de la vida es importante, sí, pero según los psicólogos positivistas se le ha otorgado un peso excesivo, incluso, en algunos casos, podría ser determinante para todo lo contrario. Hay adultos con infancias difíciles, que precisamente por ello decidieron hacer el esfuerzo de no volver al sufrimiento y ahora se consideran absolutamente plenos.

La manera más rápida de saber qué actitud tiene una persona hacia la felicidad es pedirle que hable sobre su vida. Si todo lo que cuenta son experiencias negativas, dramas y tragedias, la probabilidad de que sea infeliz es muy elevada.

La gente feliz busca los aspectos positivos de la realidad de forma más activa, es como si su atención hacia ellos fuese selectiva. Los pensamientos positivos pueden regular nuestro estado de ánimo creando una sensación de bienestar. Por el contrario, quienes registran los acontecimientos negativos con mayor rapidez y más peso tienden a ser infelices, inclusive, a padecer depresión.

La clave es quitarnos las gafas oscuras que magnifican los eventos negativos y ponernos las que buscan lo positivo. No es una cuestión de volverse ciego a lo negativo o negar la tristeza. Se trata de buscar lo positivo que existe en todo. **Cuando uno decide ser feliz, empieza a ser feliz a pesar de todo y de todos.**

 ## ¿LA GENTE FELIZ TIENE PROBLEMAS?

Sí, hasta la gente que se considera feliz tiene problemas, pero decide resolverlos o superarlos lo más rápidamente posible y obtener un aprendizaje o una experiencia positiva de ellos. Es cierto que hay dolores que son universales e inevitables, como la pérdida de un ser querido, una ruptura amorosa o el que provocan ciertas enfermedades. Lo importante es superar esas situaciones dolorosas, sanar la herida y aceptar que es prácticamente imposible que no nos duela, pero tener claro que estancarnos en ese dolor lo convierte en sufrimiento. El pasado es inamovible, no se puede cambiar. Cuando decidimos seguir anclados en el dolor, enfocar nuestros pensamientos en ese hecho y no detenernos a pensar en las pequeñas cosas placenteras y buenas que nos suceden en la vida, estamos decidiendo ser infelices. Hacemos crónico el dolor y lo convertimos en sufrimiento. Todos vamos a tener sucesos dolorosos en la vida pero si decides quedarte en el dolor y pensar en ellos constantemente, estás decidiendo sufrir.

¿El dinero da la felicidad?

Según los expertos, una vez que las necesidades básicas de alimentación y vivienda están cubiertas, un ingreso más elevado hace poco por aumentar la felicidad. Entonces, ¿por qué todos buscamos tener más dinero? Lo hacemos para contrarrestar nuestra baja autoestima. Vemos el dinero como un vehículo para conseguir el reconocimiento que creemos no tener, ya sea a nivel social, de amistad o de pareja. Para atraer a los demás y que nos amen. Tratamos de comprar el reconocimiento a través de la "imagen" que nos da el dinero porque pensamos que no podemos conseguirlo por nosotros mismos. Pero realmente, en lugar de fortalecer nuestra autoestima entramos en una espiral enfermiza de querer más dinero para lograr una aceptación que nada ni nadie puede darnos, salvo nosotros mismos. También hay quienes se mienten pensando que el dinero les ayudará a cubrir necesidades que a su parecer son básicas, pero que no lo son realmente. Acaban viviendo esclavizados y enganchados a esta dinámica enfermiza.

¿La sociedad nos hace más infelices?

Desafortunadamente, sí. Nuestra sociedad nos envuelve en una dinámica enfermiza de consumo. Primero nos genera una necesidad utilizando una estrategia muy perversa: apuntar a nuestra inseguridad más profunda, al deseo de sentirnos queridos y aceptados. Por eso nos bombardea con imágenes de modelos completamente irreales, transformados y photoshopeados al extremo. Estos seres con vidas "perfectas" se convierten en un elemento comparativo al que todos tenemos que llegar. ¡Deseamos convertirnos en algo irreal, manipulado y mejorado por una computadora!

La sociedad consumista vive de nuestras inseguridades, subliminalmente nos dice constantemente que si no somos perfectos, no nos van a querer, ni seremos aceptados por el grupo. Curiosamente, para resolver ese problema siempre tiene algún producto que vendernos para "reparar" esa imperfección.

La idealización extrema también se refleja en los estilos de vida. En los medios frecuentemente aparecen personas triunfadoras que pueden con todo y cuyas relaciones son perfectas. Como ejemplo los anuncios de productos enfocados a la mujer. Estos muestran a un modelo de mujer inalcanzable, ama de casa, pero también con una carrera profesional, amante, amiga perfecta, físicamente impecable, sin arrugas, sin estrías, que se recuperó del parto tan rápido que más que un embarazo parecía que se había tragado una aceituna, no tiene ni celulitis y siempre con las uñas intactas. De nuevo nos comparamos con ellas y sentimos que nuestra vida sabe a poco, que no somos suficientes. Entender que esta dinámica perversa es una máquina de infelicidad y ser conscientes de que esto lo hacen para crearte unos deseos de compra, es el primer paso para parar esa dinámica de manipulación. Siempre que veas un anuncio recuerda, no eres perfecto ni necesitas serlo, eres único.

Si eres una persona pesimista, evita ver las noticias. Nunca antes habíamos tenido tanto acceso a las noticias negativas y eso se debe a que lo positivo no genera atención en los medios de comunicación. El setenta por ciento de las noticias son negativas y la probabilidad de que te suceda lo que dicen en alguna de ellas es bajísima. Si eres pesimista tu cabeza magnificará esos eventos negativos; pensarás que la probabilidad de que ocurran es mayor. Seas optimista o pesimista, evita ir a la cama después de ver las noticias o una película triste ya que la probabilidad de que sueñes con eventos tristes es más alta, de manera inconsciente puede impregnar tus pensamientos.

Las páginas que siguen son un compendio de reflexiones e iniciativas que han resaltado grandes expertos y gurús de la felicidad. Si las aplicas en tu vida diaria, la probabilidad de que seas feliz será altísima. Los he llamado los Manda-Mentes de la felicidad porque más que mandamientos son manda-mentes: si ordenas, o mejor dicho, diriges a tu mente a que se centre en ellos, generarás una cascada de emociones positivas que hacen prácticamente imposible que no te sientas feliz. ¿Estás preparado para ser feliz? ¡Aquí van!

LOS 10 MANDA-MENTES DE LA FELICIDAD

 ## 1. CUIDA TU CUERPO: COME SANAMENTE Y HAZ EJERCICIO

Hasta los 20 años tenemos el cuerpo que nos dan nuestros padres y a partir de los 20, el que nos damos nosotros. Ninguna crema o cirugía te dará tanta belleza y te hará sentir tan bien como alimentarte saludablemente, dormir bien y hacer ejercicio.

El dicho "somos lo que comemos" es muy acertado. No es casualidad que cuando haces una dieta drástica en la que te quitan una vitamina te sientes mal, la realidad se ve más triste y te falta energía. Tu cerebro es el primer afectado cuando maltratas tu cuerpo con una mala alimentación. No comer sanamente puede causar irritabilidad, depresión, pérdida de la regla, falta de apetito sexual, incluso daños irreversibles a largo plazo como diabetes y osteoporosis.

> *"Llora, pero come".*
> MI ABUELA MARUJA

La clave es llevar una dieta equilibrada sin satanizar ningún alimento. Un exceso de sal, azúcar, alcohol o la falta de agua, pueden hacer que filtremos todo lo que pasa a nuestro alrededor más negativamente. Voy más lejos: además de comer sanamente, ¿sabías que ciertas rutinas relacionadas con tu forma de comer te pueden hacer más feliz? ¿Sabías que puedes alimentar tu cerebro para estar feliz?

LOS MANDA-MENTES DE LA FELICIDAD

LOS DIEZ

Cuida tu cuerpo

Aprende a perdonar y agradecer

Sana tus relaciones

Conéctate con tu Yo erótico

Crea y fomenta tus momentos de ocio

MANDA-MENTES

Aprende a celebrar

Define tus valores y metas vitales

Desconecta para conectarte

Aprende a pedir ayuda

Desarrolla tu Yo espiritual

Hay determinados alimentos cuyos nutrientes estimulan en el cerebro la producción de sustancias con efectos tranquilizantes, antidepresivos, euforizantes, relajantes, analgésicos o relacionados con sentimientos de placer. Por supuesto, partimos de la base de una alimentación equilibrada, ya que sin esto, el correcto funcionamiento de la química de la felicidad se anula.

¿Cómo impacta la nutrición en nuestras emociones?

Nuestro cuerpo es como un coche, por muy buen motor que tenga si no le pones la gasolina correcta y aceite, no va a funcionar bien. Muchas de nuestras emociones son creadas por nuestro cerebro y lo que comemos impacta en ellas. Si no nos alimentamos sanamente, los neurotrasmisores encargados de regular nuestras emociones se desequilibran y pueden teñir de negro toda nuestra realidad. Por otra parte, hay ciertos alimentos que te harán sentir mejor, son el equivalente a ponerle gasolina Premium a tu motor. Según la nutrióloga Nathalie Marcus, para que tu mente esté sana, además de una dieta equilibrada, no debes olvidar lo siguiente:

- Ácidos grasos esenciales (omegas)

  Estos son necesarios para el desarrollo y funcionamiento del sistema nervioso y del cerebro. Se encuentran en semillas, algunos frutos secos como nueces o almendras, aguacate, aceite de oliva y pescados, en especial en salmón salvaje, trucha, sardinas y anchoas.

- Minerales como el hierro, magnesio, manganeso, selenio y zinc

  Son esenciales para el funcionamiento mental y físico adecuado, dado que participan en casi todos los procesos corporales. Están presentes en nueces, almendras, germen de trigo, amaranto, quinoa, frutas y verduras.

- Vitaminas, principalmente del complejo B

  La deficiencia de algunas vitaminas como son el ácido fólico, tiamina (B1), niacina (B3), piridoxina (B6) y cobalamina (B12) se asocia con síntomas de trastornos mentales tales como irritabilidad, confusión mental, poca concentración, letargo y depresión. Este tipo de vitaminas se encuentran en alimentos como la carne de pollo y pato, pescados como el atún y sardinas, almendras, nueces, verduras de hoja verde y cereales integrales.

- Alimentos ricos en triptófano

  El triptófano es un aminoácido esencial que se convierte en serotonina, la sustancia "mágica" que ayuda a regular nuestras emociones. La patata, el camote, el pavo y el chocolate contienen altas dosis de triptófano. Según algunos nutriólogos el triptófano que contiene un simple plátano tiene un efecto antidepresivo similar al que tienen algunos fármacos con receta. El chocolate oscuro (más del 75% cacao), también contiene feniletilamina, otra sustancia que mejora el estado de ánimo por lo que te hacen sentir mejor.

- Alimentos ricos en antioxidantes

  Los antioxidantes te ayudan a mantenerte joven. Si no te quieres oxidar no olvides alimentos como el tomate, moras azules, piña, granada, cebolla, ajo, uvas y hojas verdes como versa, brócoli, o espinaca.

Para acabar con un final ardiente, debe saber que el chile, la guindilla o el picante en general, estimulan en el cerebro la liberación de sustancias que producen bienestar (endorfinas). ¡Ahora entiendo mi afición al chocolate con chile!

- Aprende a disfrutar la comida

Para que tu alimentación sea fuente de salud y felicidad, además del *qué* es importante el *cómo*. No tragues la comida, mastícala, disfrútala. No sólo te saciarás más rápido y engordarás menos sino que además, el sabor se intensificará. Aprende a degustar cada uno de los ingredientes del plato que estás disfrutando: percibe su textura, los colores, los olores y los diferentes sabores. Haz de la comida un ritual de placer. Si comes tres o cuatro veces al día convierte esos momentos en especiales y únicos, en auténticos momentos de satisfacción ya sea solo o, mucho mejor, en compañía.

- Aprende a cocinar

Cocinar para alguien no es un simple trámite, tiene un fin, se vuelve algo significativo. Desde elegir los ingredientes hasta prepararlos y cocinarlos, se convierte en un ritual que beneficia tanto a quien cocina como a quien lo saborea. Si estás solo también es importante que cocines para ti, hazte un pequeño homenaje. La cocina y la alimentación deberían ser parte de la educación de los niños. Si tienes hijos cocina con ellos; les regalarás recuerdos entrañables asociados a colores y sabores pero, sobre todo, un cariño que revivirán y les hará sentirse bien el resto de su vida.

Haz ejercicio

Algunos llaman al ejercicio el doping de la felicidad. Cuando hacemos ejercicio el cerebro libera unas sustancias (dopamina y endorfinas) que producen sentimientos de bienestar, además de darnos una dosis de energía. ¿Alguna vez fuiste a correr y después sentiste que podías comerte el mundo? Pues esta sensación es completamente real.

Que el ejercicio tiene infinitos beneficios es sabido por todos, pero su poder como estimulante positivo de los estados de ánimo no lo es tanto. El ejercicio disminuye la sustancia química del estrés (adrenalina) y aumenta los niveles de químicos del bienestar (endorfinas y dopamina). Esto significa que reduce nuestra tensión emocional y mejora nuestro estado de ánimo.

¿Qué tipo de ejercicio es bueno para mejorar el estado de ánimo?

Es preferible el aeróbico, que consiste en realizar actividades de baja intensidad en intervalos de tiempo prolongados (el anaeróbico es de alta intensidad y periodos breves) y para empezar, bastan 20 minutos. La cantidad de oxígeno necesario para realizarlo es elevado y optimiza nuestro sistema cardiorrespiratorio, pero además, la oxigenación del cerebro reduce los niveles de ansiedad.

Principales actividades aeróbicas:

Correr. Nos carga las pilas más que la cafeína y además reduce el estrés, pues al correr expulsamos de nuestro cuerpo presiones y ansiedad (liberamos adrenalina). Salvo que tengas problemas en las articulaciones, el jogging es tan bueno que también se utiliza como terapia en pacientes con depresión. Nos llena de energía y a la vez reduce el estrés. Treinta minutos diarios puede cambiar nuestra manera de empezar el día.

Bailar. Solo o en pareja, bailar es un generador de bienestar, disminuye la tensión, mejora la coordinación motora, la flexibilidad y genera endorfinas. Por si esto fuera poco, el baile también ayuda a mejorar las habilidades sociales y hasta tus dotes de seducción. Cuando el baile entra en tu vida cambias tu manera de proyectarte con el resto. Ganas en seguridad y en sensualidad, esto lo notas y lo notan. Además de las ventajas del baile en general, cada tipo de baile te enseñará habilidades específicas. Por ejemplo, con la salsa como con muchos bailes en pareja, aprendes a coordinarte, adaptarte a la otra persona a dejarte llevar, o que te lleven. Comunicar sin decir una palabra, conectarte con tu yo más instintivo. Los bailes con ritmo también ayudan a quitarte la rigidez del cuerpo, a ser más flexible, identificar tus caderas y aplicar esos movimientos en tus relaciones sexuales. Si aprendes a bailar flamenco, tus manos tu mirada y tu postura cambiarán de manera inconsciente, tus movimientos se volverán más seductores, aprenderás a capotear con la mirada. La danza del vientre también es extraordinaria para aprender a identificar partes de tu pelvis que desconocías, es inmejorable para relajar y ejercitar la musculatura reproductora femenina. Por otra parte, una vez que conoces esos movimientos, si los aplicas con tu pareja lo puedes llevar al país de las mil y una noches. Cada vez hay más estudios que apoyan los beneficios del baile, con sólo 20 sesiones de tango los enfermos de Parkinson mejoran sus síntomas y movilidad (estudio publicado en 2007 por la Universidad de Washington, en Saint Louis).

Caminar. No hace falta más que salir y empezar a caminar. La intensidad la pones tú, pero los beneficios para mejorar tu estado de ánimo son parecidos a los de otros ejercicios más vigorosos, ya que liberas endorfinas y despejas la mente. Se trata de un ansiolítico muy eficaz. Si en algún momento te sientes bloqueado mentalmente, prueba salir a la calle y caminar, comprobarás que no hay nada mejor para despejarte.

Pedalear. Andar en bicicleta estimula la liberación de sustancias que aumentan nuestra motivación y sensación de bienestar y placer. Además es un ejercicio que te permite concentrarte y practicar la meditación al mismo tiempo y de manera más eficaz, debido a la oxigenación cerebral que produce. Con cada pedaleo alejas el estrés, la ansiedad y la depresión.

Nadar. A la liberación de endorfinas se unen el masaje relajante del agua en tu cuerpo y el estiramiento muscular. Si alguna vez has nadado conoces la relajación corporal y la increíble claridad mental que se experimentan tras un entrenamiento. La ventaja de la natación sobre las demás actividades físicas es que carece de impacto, es decir, pueden realizarlo quienes tienen contraindicado otro tipo de ejercicios por alguna lesión o daño articular.

Al nadar usamos todos los grupos musculares y también participa activamente nuestro sistema respiratorio; la natación fortalece los músculos que llenan y vacían de aire nuestros pulmones. Cuando nadas, aumentas tu capacidad pulmonar y esa oxigenación mayor limpia los pulmones. No sólo eso, también aprendes a respirar que, es otra de las claves de la felicidad. Si no respiras bien, tu cuerpo y tu mente no funcionan bien.

Y aunque no es un ejercicio, duerme de 7 a 8 horas al día. Nunca te quites horas de sueño, tu cuerpo necesita descansar y tu nivel de atención y concentración disminuyen dramáticamente si no duermes bien. Si fueras una computadora, dormir sería como resetearla, si no lo haces puedes acabar bloqueándote. Si no duermes lo suficiente tus niveles de estrés, irritabilidad y percepción del dolor pueden llegar a triplicarse y así te vuelves una peor persona. La falta de sueño te convierte en la peor versión de ti mismo.

 ## 2. APRENDE A PERDONAR Y AGRADECER

Aprende a perdonar

Hay quienes asocian el perdón con debilidad, pero no es así, al contrario, ser capaces de perdonar y no dejarnos llevar por el orgullo, el ego o nuestro amor propio herido representa una gran fortaleza de espíritu. Al no perdonar, condenas al veneno que llevas dentro a seguir en tu cuerpo y con la posibilidad de acabar contigo.

Perdona a los otros

Cuando no perdonas, te unes de manera emocionalmente negativa a esa persona, te envenenas con esos sentimientos que te hacen sentir peor. Si no perdonas, sientes resentimiento, vuelves a sentir dolor una y otra vez. Perdonar acaba de manera inmediata con esas emociones negativas y te permite seguir con tu proyecto de vida. Pero, ¿cómo perdonar a alguien que te ha hecho daño? Muchas personas nos hacen daño sin ser conscientes de la magnitud del dolor que nos causan. Saben que han hecho algo mal pero no se imaginan la magnitud de ese daño.

Te pongo un ejemplo con el que muchos nos sentimos identificados. *Juan todavía recuerda, que a los 8 años se le cayó un vaso con agua delante de sus amigos. Ante este suceso su padre reaccionó desproporcionadamente gritándole "eres un torpe". Después de veinte años Juan no olvida y recuerda constantemente esa humillación pública. Su padre ni se acuerda de que lo hizo. El dolor que el niño sintió cuando su padre le gritó delante de sus amigos no se corresponde con el daño que el padre pensó que le hacía. Para el padre fue "te dije torpe" y para el hijo fue una humillación pública que traumatizó su infancia.* Parte del perdón es comunicar a la persona que te hizo daño el dolor que te causó y cómo impactó emocionalmente. Una carta o decirlo personalmente y que entienda tu punto de vista, puede ser suficiente para perdonar. También ayuda a perdonar el ponerse en el lugar del otro, del agresor, y entender que su acto no tenía tanta intención de causar daño o no eran conscientes de las consecuencias negativas del acto.

A muchos de nosotros nos han herido con palabras y no olvidamos ni perdonamos lo que nos dijeron en una situación tensa. Aunque no es acertado, hay personas que al estar dolidas, buscan aliviar esa sensación hiriendo a los demás con palabras. Lo que te dice alguien cuando está enfadado no lo tomes tan a pecho, aunque se dicen verdades muchas veces son exageradas. Es como si estuvieran ardiendo por dentro, sus palabras van a quemar. Por último, perdonar a alguien no quiere decir que justificas algunos actos que no estuvieron bien, es decidir que nadie se va a interponer entre tú y tu felicidad y seguirás con tu proyecto de vida.

Perdónate a ti mismo

En el plano más íntimo, no perdonarte te deja en una situación permanente de parálisis y hunde tu autoestima. Es como si constantemente hicieras un juicio negativo sobre ti. Si cometiste una falta o un error, perdonarte es lo mejor que puedes hacer para seguir avanzando o corres el riesgo de quedarte estancado sin aprender de tus errores ni crecer como persona.

¿Fallaste? ¡A todos nos pasa! Pues borrón y cuenta nueva, reflexiona sobre el error y la lección aprendida y sigue hacia delante sin mirar atrás.

Si aún no te he convencido, piensa que si no te perdonas probablemente te enfermes más fácilmente. La rabia y el rencor que causa el no perdonar puede hacer que somatices ese estado emocional negativo. Tu rencor puede costarte una úlcera u otro padecimiento más grave. Los sentimientos negativos debilitan tu sistema inmune haciéndote más propenso a padecer infecciones u otro tipo de enfermedades.

Sé agradecido

No me refiero a un gracias mecánico que te ayuda a salir del paso, sino a un gracias sincero. Agradece de verdad, siente que en el momento en que agradeces, vivirás más intensamente esa experiencia positiva, paladéala, valórala y prolonga su recuerdo para que sea más intenso. Un gracias mirando a los ojos, recordando aquello por lo que estás agradecido y cómo ha contribuido a que tú seas mejor persona, es un agradecimiento de verdad. A la larga, esa actitud produce una sensación de satisfacción con la vida y un optimismo que te hará sentir bien.

Si no sueles agradecer o piensas que los demás ya saben cuando estás agradecido, cambia de chip y convierte la gratitud en un hábito.

¿Has elegido ser agradecido o desagradecido en tu vida? Creo que esto lo podemos plasmar mejor con un ejemplo. Quizá tu padre no fue el más cariñoso del mundo pero sí se preocupó por tu educación y tu protección, ¿en qué debes centrarte? Hay que compensar centrándonos en las cosas que los demás hacen por nosotros más que en las que no hacen, pues los efectos de ese pensamiento positivo o negativo modulan nuestra conducta y nuestros sentimientos. Felicidad o infelicidad … ¡tú eliges!

Un buen ejercicio son las cartas de agradecimiento. Escríbele una carta a una persona a quien quieras agradecerle, explicándole por qué y sobre todo, cuánto significa ella para ti. Si tienes oportunidad, léela en voz alta mientras observas su cara y ella la tuya. Esto los hará sentir mejor a ambos y estrechará el vínculo emocional.

3. Sana tus relaciones

Tener relaciones sanas es un pilar vital para ser feliz pero la complejidad de nuestras redes sociales cada vez dificulta más vincularse con otros y las relaciones se vuelven una de las principales fuentes de sufrimiento. Si quieres evitar el sufrimiento y hacer de tus relaciones una fuente de bienestar te propongo que practiques lo siguiente.

Mejora la calidad de tus amistades

Dicen que hasta los 30 años te llenas de amigos y que a partir de los 30 te deshaces de muchos de ellos. Este dicho puede parecer un poco cruel, pero lo cierto es que con el tiempo, más que la cantidad apreciamos la calidad de las relaciones. Merece la pena dedicar unas horas a evaluar el tipo de amistades que tienes y cuánto enriquecen o empobrecen tu vida. No se trata de alejar a gente que no opine igual que tú, sino de mantener lejos a las personas que imponen su forma de ver la realidad a la tuya. También convendría reflexionar sobre el grupo de amistades que tienes. Es probable que muchos grupos se hayan formado hace décadas y los intereses que los unían en el pasado no tengan nada que ver con lo que son ahora, más que sentirte a gusto y percibir que creces con ellos, sientes que te tiran más al suelo. Si tu grupo ya te percibe de cierta forma es posible que tome como una amenaza el hecho de que quieras cambiar, intentes reinventarte o ser la persona que deseas, y esto puede hacerte sentir asfixiado. En caso que tengas la impresión de que el círculo al que perteneces te anula como sujeto o estás ahí solo por un amigo, trata de buscar grupos con los que seas más afín. Por otro lado, un índice claro de felicidad es tener una buena calidad de relaciones. No dejes de darle una oportunidad a las nuevas amistades que llegan a enriquecer tu vida y son más afines a la persona que eres en este momento.

Aléjate de los vampiros emocionales

Lo deseable es estar rodeado de gente positiva y optimista. Esto no quiere decir que si tienes un amigo que no está constantemente con la sonrisa en la boca tengas que descartarlo, pero sí debes estar muy atento a los vampiros emocionales. Con o sin intención, tratan de que tú veas las cosas como ellos las ven. Desgraciadamente tienen un filtro especial para buscar lo negativo o el conflicto en todas las cosas. Tenlo muy en cuenta y si no te puedes alejar, quítale peso a lo que expresen, cada vez que digan algo negativo acuérdate de algo positivo. Esa es la mejor manera de lidiar con ellos ya que pueden despojarte de todo ese optimismo con el que te levantas cada mañana.

Aprende a lidiar con personas conflictivas que sacan lo peor de ti

¿Alguna vez te has cruzado con alguien que todo el tiempo está metido en problemas? ¿Alguien a quien todo le molesta? Saber que no quieres a personas como esas en tu círculo es fácil, pero muchas veces no es posible sacarlas de tu vida. Entonces, ¿qué hacer con la gente con la que estás condenado a lidiar, con esa gente que, literalmente, hace que muestres tu peor cara y te pone de mal humor? ¿Estar a la defensiva, nervioso, perder la paciencia, incluso sufrir un ataque de ira…? Sí, hay quienes producen reacciones negativas en ti, y aunque trates de no entrar en el juego, sabes lo que debes hacer, pero…¡vuelves a caer!

- ¿Cómo lidiar con las personas que sacan lo peor de ti?

  Afirmar que alguien saca lo peor de ti es aceptar que el control de tu estado emocional, de tu comportamiento, incluso de tu felicidad está en manos de otra persona. ¿Cuál es la solución? No pienses que hay gente que saca lo peor de ti, piensa que si tú sacas lo peor de ti, ya no habrá quién lo pueda sacar.

- ¿Qué debes hacer con este tipo de personas?.

Ten clara una cosa, tú eliges cómo reaccionar, con enfado o sin enfado, cayendo en la provocación o con paciencia. Si controlas tus pensamientos podrás controlar tus emociones y tu forma de responder a ellas.

- Cómo sacar tú lo peor de ti

Si llenas tu interior de seguridad en ti mismo, de tolerancia, agradecimiento, perdón, paciencia y empatía, no quedará sitio para la ira, la crítica, los miedos, ni los efectos de juicios u opiniones ajenas, ni para las tensiones de cualquier tipo. Ya no tomarás como algo personal el mal comportamiento ajeno; lo interpretarás como reflejo de un sufrimiento externo y no generará emociones negativas en ti.

En caso de que ya no dependa de ti manejar la situación y sean otros los que hayan perdido los papeles o el control, sal de esa situación sin más: vete. No eres responsable de la falta de control de los demás.

No busques tener siempre la razón

¿Eres de los que siempre quieren tener la razón? ¿De los que en cualquier conversación, por pequeña que sea, necesitan demostrar que están en lo cierto? ¿Deseas poner el punto final a cualquier conversación? ¿Te has puesto a pensar que quizá tú tengas parte de razón, pero que el argumento de la otra persona también puede ser razonable?

Da tu opinión, trata de hacer que te entiendan… ¡y ya! Respeta la opinión de los demás, aun cuando no tengan razón, o no la compartas. Si te gusta tener siempre la última palabra, plantéate por qué lo haces y cuál es tu necesidad. Quedar por encima de los otros te cuesta la paz interior. Si sabes que estás en lo cierto y que ya lo has comunicado de la mejor manera posible, ¿qué objeto tiene discutir?

Aléjate de los amigos envidiosos

Ningún amigo verdadero te puede envidiar. La envidia se alimenta de la comparación y el deseo de tener o ser más que otra persona. Al envidioso tus éxitos le causan dolor y tus fracasos le dan, mínimo, cierta satisfacción pues te ve vulnerable o por debajo de él. Si un amigo te envidia, no es un verdadero amigo, hagas lo que hagas la envidia estará dentro de él y hasta que no la supere, tú puedes hacer poco por evitarla.

No trates de agradarle a todo el mundo

Seas quien seas, es imposible agradarle a todos y en todo momento. El hecho de no aceptar esto puede hacer que te obsesiones emocionalmente con las personas que te recha-zan. Quizá soportes que te falten al respeto, que te traten despectivamente o te chantajeen emocionalmente con tal de ganártelos y ser aceptado. Esto tiene doble efecto ne-gativo: por una parte estás rebajándote y por otra dejas de lado a quienes te aman.

¿Por qué algunas personas se enganchan con el rechazo y la indiferencia? Hay varias explicaciones, una de ellas es que su baja autoestima les dice que si no son aceptados por todo el mundo, no son "suficientes". Existe un tipo de personalidad que siente que debe ganar en todo o seducir a todos (la seducción es una manera de meterse a alguien en el bolsillo). Aunque le agrade a todo el mundo, se engancha sólo con quien lo rechaza. Qué buena fórmula para ser infeliz, ¿verdad? Pues toma nota y piensa de esta manera; por muy exquisito que sea un plato siempre habrá a quien no le guste, y eso no significa que deje de ser una *delicatessen*.

4. CONÉCTATE CON TU YO ERÓTICO

Desafortunadamente una de las fuentes de infelicidad es la sexualidad. Todavía hay mucha gente que asocia el sexo con algo sucio y lleno de culpa. El problema surge cuando la necesidad del ser humano de desarrollar esa faceta tan bella se contamina con ideas erróneas y culpabilidad. Un acto tan necesario y placentero puede convertirse en un trauma, en algo doloroso y que muchos llegan a evitar, puede convertirse en obsesión y una fuente de infelicidad. La sexualidad es una faceta importantísima del ser humano, una conexión con nosotros mismos, con nuestro cuerpo y con el de otra persona. Es nuestro yo más instintivo, el más íntimo y por ello necesitamos este tipo de conexión. Al igual que necesitamos comer, necesitamos amar. ¿Qué hacer para que esto no pase?

Potencia el contacto físico y tu yo sensual

La sensualidad es una faceta del ser humano que tenemos olvidada. Un ser sensual es aquel que disfruta y se conecta con las sensaciones que da su cuerpo, éstas no necesariamente tienen un carácter sexual. Cada vez son más los psicólogos que dan una gran importancia al contacto físico. Numerosas culturas consideran el abrazo o la cercanía personal como algo de mala educación o incluso invasión. Pero lo cierto es que como primates necesitamos el contacto físico y aunque debemos respetar las reglas, es importante la cercanía corporal y demostrar el cariño más allá de las palabras. Éste no tiene que tener ninguna connotación sexual, un abrazo afectuoso, un apretón de manos pueden ofrecer más apoyo emocional que cualquier palabra. Es una forma de conexión siendo conscientes de nuestro cuerpo y del de la otra persona.

Mantente activo sexualmente

Las parejas que con el paso de los años mantienen vivas sus relaciones sexuales se sienten más plenas que las que dejan que éstas pasen a segundo plano o desaparezcan. Por eso, ya sea practicando el autoerotismo o en compañía, no dejes que tu yo sexual quede al margen.

Además es un gran ejercicio y parte de tu doping de la felicidad. A nivel físico se trata de una actividad aeróbica y como tal, como se ha dicho, libera una química antidepresiva en el cerebro, serotonina y endorfinas, que te hace sentir bien.

Disfruta de ti mismo, práctica el autoerotismo

El hecho de carecer de una pareja no es obstáculo para disfrutar del placer erótico. Tengas la edad que tengas, no te niegues el placer de disfrutarte: practica el autoerotismo. No me gusta utilizar el término masturbación porque nadie queda "más-turbado" por practicarlo, al contrario, posee efectos muy positivos tanto a nivel emocional como físico.

Por otra parte, el autoerotismo con juguetes sexuales también se recomienda en algunas mujeres durante la menopausia o cuando padecen de estenosis vaginal asociada a algunos tratamientos para el cáncer. En definitiva, no sólo es un extraordinario ejercicio para tu corazón, también quemas calorías, te hace sentir bien, duermes mejor y además tiene efectos terapéuticos.

5. CREA Y FOMENTA TUS MOMENTOS DE OCIO

Otra manera de ser feliz es a través de las actividades que nos hacen involucrarnos completamente en ellas. ¿No te ha pasado que haciendo algo que te gusta el resto de lo que te rodea desaparece? Sientes que fluyes y que tu pensamiento y tú están completamente en esa actividad, algunos incluso lo consideran un tipo de meditación. Construye tu felicidad, realiza actividades que hagan más placentero cada momento de tu vida: desarrolla tus hobbies. Practica actividades que ames y no busques su utilidad más allá de la satisfacción propia, recuerda que el enfoque debe ser disfrutar en vez de consumir y tener claro que un placer es un deleite en sí mismo, no por lo pequeño o grandioso que resulte, es decir, un restaurante de lujo no desmerece un picnic o un tentempié en la cocina.

Fortalece tu círculo de amistades

Somos seres filiales, necesitamos socializar, compartir emociones y sentirnos parte de un círculo de amigos. Aprender a estar solos es importante pero igual de importante es tener amigos y sentirse parte de un grupo. Pero ¿que hacer si mi grupo de amigos ya no está?, ¿o si simplemente no tengo amigos? Cuando somos niños tener amigos es tan fácil como empezar a jugar a la pelota con otro niño. Cuando somos adultos hay que buscar algo, una "excusa" para propiciar un encuentro. La mejor manera de hacerlo es a través de una actividad, si te gusta bailar ve a clases de baile, si te gusta hacer fotografía ve a un curso. No sólo creará un círculo de amistades, además serán afines a algo que te gusta y podrás compartir con ellos esa actividad. Recuerda que es muy importante tener un grupo fuerte de amigos por lo que si la montaña no va a Mahoma, Mahoma debe ir a la montaña, en definitiva, en tus manos está crear un círculo de amistades.

Disfruta la música, escúchala y báilala.

La música puede cambiar de manera radical nuestras emociones, desde intensificar nuestro buen humor, relajarnos, activarnos, o hasta ponernos tristes. De manera inconsciente puedes cambiar tu estado de ánimo. Lo mejor que puedes hacer es crear una lista de canciones o playlist y tenerla preparada para cualquier situación que quieras potenciar. Haz una lista de canciones que tengan mucho ritmo para despertarte y llenarte de energía. Otra para relajarte, otra para sentirte más optimista. Si has estado bajoneado y triste durante todo el día, aunque te apetezca, aleja de tus oídos cualquier canción melancólica y busca melodías alegres, con ritmo. Está demostrado que música como la salsa, la samba y la rumba, con ritmos fuertes y letras positivas, tienen un efecto antidepresivo. Si a la música le añades movimiento, conocerás una de las dinámicas más potentes para ser feliz: el baile. Habría que escribir un libro aparte sobre todos sus beneficios: conexión con los demás, conexión contigo, aumento de la autoestima y mejoría de la coordinación motora. Pocas cosas tienen efectos tan positivos y son tan accesibles para todos como el baile. Si estás solo y te sientes enfadado, triste o con rabia, intenta bailar una de esas canciones que cada vez que la escuchas te dan ganas de moverte. Desátate y entrégate a la canción, al terminar notarás que te sientes mucho mejor, que has entrado en un estado de satisfacción y alivio. Así es, el baile puede cambiar radicalmente tu estado de animo, ayuda a liberar toda la adrenalina y tensión que tenemos dentro, creando un estado de placidez.

Genera vínculos emocionales con animales

A veces las palabras, nos distancian de nuestras emociones básicas. Por eso, desarrollar vínculos emocionales con animales, no sólo perros y gatos, también caballos, puede ayudarnos a desbloquear emociones. Además de ser eficaces en casos de trastornos del espectro autista, ayudan en la recuperación de traumas y enfermedades.

6. APRENDE A CELEBRAR

¿Recuerdas tu infancia? ¿Cuando cada paso, cada avance, era celebrado y aplaudido? ¿Verdad que has sonreído al recordarlo? Y digo... ¿qué ha pasado para que dejemos de hacerlo, hasta el punto incluso de renegar de nuestro cumpleaños? ¡Cambiemos el chip!

Aquí la clave es celebrar. No es necesario tener mucha audiencia u organizar grandes fiestas, podemos celebrar secretamente "nuestros momentos", como el primer empleo o el día en que nos estrenamos como padres. Y también compartir, de una u otra forma, pero celebrando. Por ejemplo, a nivel pareja, la pedida de mano, el aniversario de novios, de matrimonio, la primera casa, acontecimientos familiares y, por supuesto, ocasiones de las que muchos reniegan, el cumpleaños y la Navidad.

¿Por qué es importante celebrar?

Porque implica estar agradecidos con las cosas buenas que nos suceden o nos rodean: demuestra que las valoramos y por eso, además, las compartimos con otros. Cuando celebras refuerzas las experiencias positivas, las mantienes activas en tu memoria y tienen más peso que las negativas. Sí, ¡se puede aprender a ser feliz a pesar de todo y de todos!

- **Celebra tu cumpleaños**

No importa si tiras o no la casa por la ventana, ¡pero celébralo! Cumplir años te acerca cada vez más a la felicidad. Y si tienes dudas sobre si cumplir determinados años es como para celebrarlo, allá va una evidencia científica: los adultos que superan los 50 años, en general son más felices, tienen mayor capacidad para divertirse, menor ira, estrés y preocupaciones que los veinteañeros.

- **Celebra los aniversarios con tu pareja**

¿Recuerdas que al principio celebraban todos sus aniversarios? Cualquier ocasión era buena para recordar y festejar lo maravilloso de estar en pareja. Sin embargo, cuanto más se enfría una relación, menos se festeja y en realidad debería ser lo contrario. Cuanto más tiempo juntos habría que celebrar más, utilizarlo como pretexto para recordar todos los momentos buenos que vivieron juntos y dejar un sabor positivo.

- **Celebra acontecimientos familiares**

Las celebraciones familiares son una de las oportunidades más claras para reunirte con tus seres queridos. No restes valor a nada, no lo pospongas. Celebra ¡ya! los pequeños placeres que te da la vida y que muchas veces, no nos damos la oportunidad de saborear.

7. Aprende a pedir ayuda

Hay un perfil de personalidad que está orgulloso y se congratula de que todo lo puede hacer solo. Su "Yo soberbio", desde niño le ha dicho que no necesita a nadie y si pide ayuda es un fracasado. Probablemente este tipo de personas pueda con la mayoría de los retos que les ponga la vida porque se ha entrenado para ello, pero no con todos. El problema viene cuando se enfrenta a una situación insostenible. Al no pedir ayuda, al no apoyarse en nadie, se hunde. Tener claro que no somos "supermanes" y que para salir del hoyo necesitamos que alguien tire de la cuerda desde arriba, no nos hace peores personas. Luchar contra esas ideas erróneas que nos impone nuestro Yo soberbio y aceptar que solos no podemos, es el primer paso para romper con esta idea irracional que limita nuestras vidas.

Busca libros de autoayuda

De la misma manera en que muchos tenemos claro que somos lo que comemos, sería bueno entender que somos lo que pensamos; ésa es la clave de la autoayuda. Si un libro te ayuda a cambiar un modo de pensar erróneo o ineficaz que conduce a la negatividad, al pesimismo o al bloqueo de comportamientos adecuados, ¡bienvenido sea! Pero descarta los que sean promesas, milagros o soluciones casi instantáneas, ya que sólo generarán sentimientos o pensamientos de frustración al no lograr esas metas. Si el autor del libro es famoso no le da más peso a sus argumentos. La mayoría se basan en su experiencia personal para hablar de una situación, pero ten en cuenta que ni sus circunstancias ni sus características personales son las mismas que las tuyas y replicar los resultados de esa persona en tu vida puede causarte más daño que beneficio. Si a esto le sumas que algunos de estos libros no son escritos por ellos mismos, debes tomar los consejos con mucha precaución. En definitiva, aunque hay libros muy útiles que han ayudado a mucha gente a salir del bache, cuidado con esos libros que más que de autoayuda son de autoperjuicio. Si necesitas ayuda, primero acude a un psicólogo o a un psiquiatra. Asegúrate bien de a quien pides auxilio, pues hay gente que en su desesperación y dolor acude con supuestos chamanes que no son más que farsantes que se aprovechan de la vulnerabilidad de una persona que sufre. Esa gente no son chamanes, son ¡chaMALes!, porque solo te causan mal.

8. DEFINE TUS VALORES Y METAS VITALES Y SACA DE TU VIDA LO QUE TE ALEJA DE ELLOS

Muchos despiertan abrumados por una infinidad de actividades que están obligados a hacer y los esclavizan. Las obligaciones se han apoderado de su vida y más que disfrutar el día, éste representa una cuenta regresiva para cumplir con todos los objetivos. ¿Cómo frenar esta dinámica que consume nuestra vida en vez de hacernos disfrutarla plenamente? Lo primero es darnos cuenta de que somos nosotros quienes generamos "necesidades innecesarias", que a su vez nos crean obligaciones y nos convierten en esclavos. ¿Qué hacer? Haz este ejercicio de reflexión y piensa cuales son tus valores, tus metas y cómo te gustaría vivir de acuerdo con ellas. Distingue entre qué es vital, qué es importante y qué es superfluo en tu vida. Una vez que has aceptado que hay metas que no son congruentes con lo que tú quieres, comprométete a cambiar y sácalas de tu vida. Hay un tipo de intervención psicológica llamada ACT (Terapia de Aceptación y Compromiso) que puede ayudarte a tomar decisiones difíciles en tu vida. La ACT te ayuda a definir los valores y metas que tienes, posteriormente busca la aceptación de todas tus experiencias y sobre todo busca tu compromiso para cambiar lo suficiente y vivir de acuerdo con esos valores que te definen como persona.

9. Desconecta para conectarte

Desconéctate de la tecnología

El avance tan vertiginoso de la tecnología ha terminado afectando negativamente a nuestro bienestar emocional. Aunque nuestro intelecto se adapta rápidamente a todos los cambios tecnológicos, a nivel emocional somos los mismos de hace siglos y los efectos de la tecnología en las relaciones pueden ser devastadores si no sabemos poner límites. Donde impacta con más fuerza es en nuestras relaciones de pareja. La naturaleza del enamoramiento es igual que hace siglos pero el acceso instantáneo a personas que pueden coquetear contigo a golpe de dedo ha creado más inseguridades y celos patológicos que nunca. Que alguien pueda tener acceso a tu vida, te dé entrada a la suya, te excluya de ella o puedas tener dos relaciones en paralelo, está generando un tipo de dinámicas desconocidas y peligrosas con las que incluso los psicólogos lo tienen difícil a la hora de lidiar con ellas.

La manera de aprender y recordar también está cambiando radicalmente, ahora nuestros recuerdos son menos intensos. Esto se debe a la menor atención que le prestamos ahora a las cosas. Te pongo un ejemplo: ¿Recuerdas los viajes en coche con tu familia? Lo único que había era el paisaje, la compañía y la música, estabas presente al 100 por ciento en esa experiencia. Los recuerdos de las conversaciones con tus padres, el paisaje y las imágenes son mucho más detallados que los que genera un niño hoy día. Su nivel de atención está centrado en el teléfono, por lo que cualquier mensaje que le llega, desvía su interés en la conversación o en el paisaje, generando recuerdos menos nítidos. Luchar en contra de esto es imposible, pero es importante que aprendas a usar la tecnología a tu favor sin que ella se apodere de tu vida.

Desconéctate para conectarte contigo

Hay tiempos que deben ser exclusivos para ti. A partir de cierta hora, salvo urgencias, desconéctate de tu teléfono. Desde las 10 de la noche hasta media hora después de levantarte, no envíes textos ni entres a Internet: conéctate contigo mismo. Tu cuerpo tiene que dejar de estar en modo de alerta, tanto para buenas como para malas noticias. No duermas con el teléfono dentro de tu habitación, pues cualquier sonido que emita puede despertarte y romper tu ciclo de sueño. Cuando abras los ojos, no mires el teléfono de inmediato, levántate poco a poco, dedica al menos 10 minutos de respiraciones profundas antes de empezar cualquier actividad. Date tiempo para conectarte contigo mismo, el celular no puede dictar el ritmo y las emociones con los que vas a empezar el día. Tú eres tu propio centro de gravedad y decides dónde poner tu atención. Cuando te levantas y miras inmediatamente el teléfono, le entregas el control de tu vida a otros.

Desconéctate para conectarte con otros

Esta historia es un claro reflejo de cómo afecta el teléfono en las relaciones humanas.

Álvaro finalmente logró salir con Sandra, una chica que le gustaba mucho y llevaba meses tratando de conquistar. Durante la cena ella estaba inmersa en la historia que Álvaro le contaba, cuando de pronto sonó un bip en el teléfono y esto hizo que él lo tomara de inmediato y enviara un mensaje. La conversación se reanudó pero Sandra notaba que, de vez en cuando, Álvaro miraba de reojo su teléfono y diez minutos más tarde él volvió a enviar otro texto. La chica terminó de cenar y se despidió de Álvaro con una sonrisa: aunque le gustó, no quiso volver a verlo.

No creo que Álvaro se haya dado cuenta de lo que hizo. Su forma de actuar se ha vuelto un hábito, dio prioridad a la persona detrás del mensaje de su teléfono y se la quitó a esa cena tan añorada con Sandra. Él hace lo que muchos hacemos, no dar plena atención a la persona que está frente a nosotros. Las relaciones de Álvaro siempre serán un trío: él, su pareja y su teléfono, por eso es comprensible que Sandra no quisiera formar parte de ello.

10. DESARROLLA TU YO ESPIRITUAL

Las personas que son espirituales viven su vida más plenamente y tienden a superar mejor los baches que les pone la vida. Pero ser espiritual no es lo mismo que ser religioso, hay gente agnóstica que es muy espiritual y hay gente religiosa que tiene una espiritualidad nula. Entonces, ¿qué es ser espiritual? Aunque hay distintas maneras de definir la espiritualidad, la mayoría de las explicaciones coinciden en que somos algo más que una mente y un cuerpo. Existe algo que nos conecta con nosotros mismos y con el resto de la naturaleza. Unos lo llaman espíritu, otros alma, es algo que a través de la racionalidad es difícil experimentar pero que uno siente. Es la conexión del yo con sí mismo y con el resto de los seres que hay, la conexión con el universo. Dicen que todos los seres de la tierra venimos de la misma sustancia, las personas que son espirituales sienten esa fuerte conexión no sólo con otras personas sino también con la naturaleza. Un ser espiritual sabe vivir, pero también sabe morir, acepta la muerte como algo que es parte de la vida y les enseña a ser conscientes de que hay que aprovecharla.

Según algunos autores, la espiritualidad, es "vivir conscientemente y con conciencia de ello". Es decir, es vivir el aquí y el ahora, aceptando y comprendiendo todo lo que ocurre. Vivir consciente es vivir lo único que existe, el presente. En cada momento tienes la experiencia de vida, los actores y el escenario que tu espíritu y tu cuerpo necesitan.

Por años la psicología ha dejado de lado el Yo espiritual, por no ser medible ni demostrable. Sin embargo las cosas han cambiado mucho y la psicología actual cada vez le da más importancia a esta faceta del ser humano. El ACT (Terapia de aceptación y compromiso) y el *Mindfulness* (atención y conciencia plena) incluyen muchos de los conceptos comunes del desarrollo espiritual del ser humano, de los cuales, algunos han sido tomados de culturas orientales, especialmente del budismo. Convertirse en un ser espiritual es un proceso, no todos lo logran rápido sino que se da de manera gradual. Los siguientes aspectos te pueden ayudar a desarrollar el ser espiritual que hay en ti.

Vive el aquí y el ahora

Anclarse en vivencias del pasado, ya sean buenas o malas, o soñar con el futuro, te deja totalmente ciego para ver lo que tienes delante de ti: tu presente.

¿Carpe diem? Sí, sin duda. Por mucho que te lo imagines, es posible que el mañana ya no exista… sí, que te mueras, desaparezcas y… ¿no habría sido mejor vivir a tope el día de ayer como si no hubiera un mañana? *Carpe diem*, aprovecha el presente.

Si vives el presente aferrado al pasado, o con la mirada perdida en el futuro, no vives realmente. Pero si te centras en el presente y vives cada día consciente de que el aquí y el ahora es lo que te hace sacarle jugo a tu existencia, ¡vivirás la vida plenamente! Así es, no hace falta hacer paracaidismo o divertirse todo el tiempo para vivir al máximo. Hay quienes le dan al *carpe diem* una interpretación netamente hedonista. Pero no se trata de tirar la casa por la ventana en todos los sentidos, ni de buscar el mayor placer posible porque la vida tiene fecha de caducidad. Se trata de que hagas lo que hagas seas consciente de ello y lo disfrutes.

Los aviones son sitios mágicos en los que te das la oportunidad de conocer fugaz pero intensamente a alguien, no hay teléfonos y le das atención plena a la persona que tienes al lado. Hace poco se sentó a mi lado un hombre alto, cara quijotesca, muy enigmático porque contrariamente a la mayoría, mostró un interés no encubierto en empezar una conversación. Tras las preguntas típicas de dónde vas y el motivo de tu viaje, estábamos los dos inmersos en una charla fascinante y profunda, después me hizo una pregunta: ¿A cambio de qué darías todo lo que has ganado hasta ahora? Pasaron unos segundos y con los ojos llorosos respondí: "Daría todo por volver a una de esas interminables comidas familiares en las que mi padre nos cocinaba paella en el jardín de la casa." Inmediatamente me inundó un sentimiento de tristeza y vacío aplastante al recordar la muerte de mi padre y la imposibilidad de no vivir nunca más esos maravillosos momentos. Tras un silencio de diez segundos con los ojos húmedos en los que visualizaba esa escena familiar y observaba a cada una de las personas de esa comida, de la nada surgió un pensamiento intensísimo. Me volví consciente de que había mucha gente que quiero y que ahora es el momento para disfrutarlos. Aprender a cocinar paella con mi madre, escuchar a mi hermano hablándome de sus últimos descubrimientos tecnológicos, o chismear entre risas con las amigas mientras tomo un chocolatito caliente. Se me escapó una sonrisa de oreja a oreja y pensé: ¡ahora es el momento de saborear lo que la vida me da! Como canta José José, "lo pasado, pasado", hoy es el momento de sustituir el cuándo por el ahora.

Ten conciencia plena, practica el *Mindfulness*

Por *Mindfulness* entendemos la toma de conciencia de lo que sentimos, experimentamos o sucede a nuestro alrededor y esto es especialmente útil en el momento que nos ha tocado vivir. Con tanto ruido emocional y exceso de información, nuestra sociedad sufre un trastorno de déficit atencional, nuestros pensamientos y nuestras emociones van por la libre. Estamos demasiado centrados en hacer, constantemente hacemos, pero hemos olvidado la parte del ser. El *Mindfulness* nos da la oportunidad de tomar las riendas de nuestros pensamientos y emociones. Es una práctica que tendríamos que hacer todos los días de la misma manera que afinaríamos nuestro violín o chelo para que suene bien durante todo el día.

Según Jon Kabbat Zinn, el padre del *Mindfulness*, éste consiste en prestar atención de manera intencional al momento presente, sin juzgar. Es un proceso de observar nuestro cuerpo y nuestra mente y dejar que las experiencias pasen por nosotros sin juzgarlas, aceptándolas como son.

Aprender a practicar el *Mindfulness* es sencillo pero requiere de paciencia y es recomendable que inicialmente te guíe un experto. Se practica sentado y se empieza tomando conciencia de nuestra respiración, de nuestro cuerpo y de nuestros pensamientos. Se trata de ser consciente de cada sensación que nos da nuestro cuerpo sea placentera o dolorosa, de cada emoción, de cada pensamiento y siempre sin juzgarlos o intentar neutralizarlos. Simplemente es tomar conciencia plena de aquello que está pasando en tu cuerpo, pensamientos y emociones, sin hacer nada más que observarlos o sentirlos.

Si lo practicas de 15 a 25 minutos durante 12 semanas, empezarán a producirse cambios tan positivos en tu cerebro que incluso podrían detectarse con técnicas de imagen cerebral. Empezarás a notar que tu nivel de atención es mayor y que tu memoria mejora. Además, notarás que regulas mejor tus emociones, que ya no son tan intensas o tan desagradables y puedes tomar distancia. Inicialmente empiezas contigo y con el tiempo empiezas a aplicar esa consciencia plena en todos los ámbitos de tu vida.

¿Es lo mismo *Mindfulness* que meditar?

Están relacionados y algunos dicen que es lo mismo. En lo personal creo que el *Mindfulness* se relaciona con una práctica aplicable a la vida diaria, un ejercicio de conciencia plena de uno mismo y por ello lo tendríamos que practicar todos los días. La meditación va un paso más lejos, tiene un componente más transcendental y tiene como objetivo recuperar nuestro centro, para ser lo que nunca hemos dejado de ser y que el ruido externo nos impide serlo. En lo personal siento que meditar va más allá de observar tus pensamientos, es buscar el silencio y la paz mental. Se podría decir que la gente que medita aplica constantemente el *Mindfulness* a todos los aspectos de su vida.

Busca un sentido a tu vida, llénala de significado, busca trascender.

El hombre está en constante búsqueda del sentido de la vida, cuántas veces te has levantado preguntándote: "¿Para qué estoy aquí? ¿Cuál es el sentido de mi vida?" La respuesta a esa pregunta te la tienes que dar tú y varia dependiendo de cada uno. Lo que sí es cierto es que las personas que encuentran ese sentido a su vida lo hacen a través de sentir que trascienden. Creen que hay algo superior a ellos que les da una dirección y objetivo de vida. ¿Pero cómo podemos transcender en el sentido espiritual de la palabra? Todos tenemos un talento único que disfrutamos enormemente cuando lo desarrollamos. ¿Te has preguntado qué talento tienes que puede impactar positivamente al resto, que será utilizado en beneficio de algo mayor que tú? Eso es trascender, dejar algo de ti a los demás. Saber que lo que haces tiene un sentido más allá de ti, que lo que haces y en lo que eres bueno, beneficia al resto y perdura. Transcender es prolongar de alguna manera tu existencia con lo que has dejado, sentirte en conexión con el prójimo, sentirte parte de un todo al cual tú has contribuido.

Un claro ejemplo personal es mi madre. Ella lleva más de una década siendo voluntaria en una asociación contra el cáncer. Tener un enfermo con cáncer es vivir una lucha contra la enfermedad y contra los tratamientos agresivos, que a veces funcionan y a veces no. Tras cuidar a mi padre por más de un año y perder la batalla con esta enfermedad, lo primero que pensé es que nunca más volvería a querer entrar en ningún hospital, y menos, hablar con enfermos y familiares de cáncer. Me sorprendió su decisión de volver de voluntaria. Su respuesta fue clara, si antes mi trabajo podía ayudar a los pacientes y a los familiares, ahora que lo he vivido en carne propia sé que mi capacidad de ayuda es mayor y puedo ayudarles mejor que nunca. En tu caso, haz un alto y reflexiona, e identifica qué talento puedes usar en beneficio de otros, que permanezca en el sentimiento o en el pensamiento de otros.

Hay otra manera de sentirnos en conexión con los otros y dar un objetivo a nuestra vida, me refiero al altruismo. Nos conecta, nos proyecta y nos hace sentirnos bien, pero no sólo un instante, como nos hacen sentir los placeres físicos, sino que perdura. Porque mientras que las experiencias placenteras llegan a nosotros, en el altruismo nosotros somos los generadores de esa experiencia, a través de la entrega a otros damos sentido a nuestra vida. Se pueden escribir páginas y páginas sobre cómo buscar sentido a tu vida. Pero al igual que aprender a nadar, por muchas instrucciones que te den, solo tú encuentras la forma para flotar. Sólo tú puedes dar el sentido a tu vida, muchos tienen que buscar por años mientras que a otros una sola experiencia les regala esta respuesta tan valiosa.

CONCLUSIÓN

No debemos interpretar el dolor de forma negativa, es una señal de aviso de que algo no marcha bien. Solucionado el problema, emocional o físico, éste desaparece. Mi intención con este libro es darte herramientas para que el origen de tu "dolor" desaparezca y no se convierta en sufrimiento. Frecuentemente la raíz de nuestro dolor está en nuestra manera errónea de interpretar la realidad. Por eso, si seguiste mi recomendación de escribir todos esos pensamientos que tienes sobre ti y sobre tu entorno, ahora te corresponde retarlos y cambiarlos. Si lo haces, tu forma de enfrentar los momentos desgraciados en el futuro será más sencilla y tu forma de disfrutar los buenos instantes será más intensa.

Para ayudarte a hacerlo correctamente decidí valerme de algunos visuales, por eso este libro está repleto de ideogramas. Los hice, no para adornarlo, sino para plasmar una idea en una imagen y así pudieras recordarla mejor. Habrá información que aunque en este momento de tu vida no te parezca relevante, lo será en el futuro. Guárdalo en alguna de tus estanterías y recurre a él cuando lo necesites. Con la información que incluye y con tu voluntad, nadie se podrá interponer entre tú y tu felicidad.

Durante el proceso de escribir este libro viví en carne propia el dolor de la muerte de un ser querido y en mi desolación, hasta yo dudé que funcionara lo que ya había plasmado en estas páginas. Por ser congruente seguí los consejos de lo que yo había escrito y el dolor se transformó en fuerza para seguir disfrutando la vida.

Quizá no dediqué tantas páginas como te hubiera gustado a tu Yo espiritual. Lo hice, no porque crea que tiene menos importancia que otras facetas del ser humano, sino porque aun cuando la psicología ya le da una gran importancia a tu Yo espiritual, su conocimiento es limitado. Mi labor como psicóloga es ser el detonante que te haga empezar con esa búsqueda. Dar las pautas de cómo desarrollarse espiritualmente si todavía no hay consenso entre las distintas ramas de la psicología es arriesgado, por eso sólo incluí los aspectos de la espiritualidad que los psicólogos ya utilizan, como el *Mindfulness*, o ACT. Tu crecimiento espiritual depende de ti. Investiga, busca, experimenta las distintas opciones. Si no hay ninguna que te satisfaga, o no totalmente, quédate con lo que a ti te aporte. Lo que funciona para unos puede que para ti no. No es una cuestión de dejarse convencer sino que a ti te convenza.

Por último, aunque sí hay una receta de la felicidad, no hay que olvidar la importancia de recuperar el sentido del gusto por todas las cosas y sobre todo por las pequeñas cosas. No es que te conformes con menos, es que a todas las cosas les encuentres un sabor más intenso.

Un descanso en el camino, una botella de vino
Un suspiro, una mirada, una alegre carcajada
Una cara en el espejo, un amigo un buen consejo
Un viaje en barco o velero, aunque no llegues primero
Un caballito herrero, que no corra por dinero
Un palmar, un riachuelo, un pedacito de cielo
Mira bien alrededor, y verás las cosas buenas
Que la vida es un amor, olvídate de tus penas
Oye, abre tus ojos, mira hacia arriba,
disfruta las cosas buenas
Que tiene la vida, abre tus ojos, mira hacia arriba,
Disfruta las cosas buenas que tiene la vida
Abre tus ojos, mira hacia arriba, disfruta las cosas buenas
Que tiene la vida, abre tus ojos, mira hacia arriba,
Disfruta las cosas buenas que tiene la vida
Una playa, un cumpleaños
Un buen recuerdo de antaño
Un olor a hierbabuena, una conversación amena
Un romance que a nacido, que te roba los sentidos
Un parque lleno de niños, un bellísimo cariño
Una lagrima, un momento, pese a todo sentimiento
Una música muy bella, un perfume, una estrella

Canción de René Touzet,
interpretada por —entre otros—
La Sonora Dinamita.

267

AGRADECIMIENTOS

Los dos años y medio que me tomó este libro fueron los más duros de mi vida, por eso siento que la palabra gracias no es suficiente para mostrar mi gratitud a todas las personas que me acompañaron en este camino. Creo que la mejor manera de agradecer es también dedicar este libro a quienes me ayudaron a que finalmente pueda estar en tus manos.

A mi hermano Ernesto, así como el refrán dice "detrás de un gran hombre hay una gran mujer", detrás de cada pequeño éxito mío estás tú, Tito. Ahora entiendo que los 6 kilos que pesaste al nacer se debían, sobre todo, a tu gran corazón.

A mi madre Mariluz, ejemplo de amor incondicional a mi padre. Tu fortaleza me ha hecho admirarte más. Si alguien puede sorprender a todos con su reinvención esa eres tú, mamá.

A mi hermana mayor, Carmen Aparicio, por inspirarme y prestarme tu cerebro cuando el mío estaba seco, y tu corazón cuando el mío estaba roto. A mi hermana pequeña, Odalys Ramírez, tu físico distrae la atención de lo más bello de ti, tu ser. Definitivamente tu compañía me ha hecho mejor persona. Gracias por tu cariño incondicional.

A mis tías de Barcelona, las terremoto Olmedo, me dieron grandes recuerdos de la niñez que saboreo constantemente. A mis primos de León y a la tía Amelia, a Ramonín le hubiera gustado que la recordara.

Quiero agradecer también a todas las personas que me apoyaron en la creación de este libro. A Jenika Kane, por las maravillosas fotos de la portada y del interior, con tu arte plasmaste en ese estudio de Venice los sentimientos que todavía me costaba a mí expresar. A Elizabeth Gómez, por el maravilloso trabajo de maquetación y la ayuda en los diseños de los ideogramas, tu tiempo, tesón y paciencia en esas inacabables noches de verano madrileño tuvieron su fruto. Si hay alguien que sufrió este libro y espero que ahora lo goce, es Enrique Hernández: gracias por tu tenacidad, temple y perseverancia en plasmar mi sueño y hacerlo tuyo. A Alex Herrerías, por tus ilustraciones, por dar alma a mis ideas. A Carlos Harfuch, por tu ayuda en la tipografía del texto de la portada, pusiste la cereza en el pastel. A Paola Quintana, por tu apoyo incondicional, por ser mis ojos cuando lo único que podía leer eran letras bailando.

Al nieto de "Espiderman", Liam Mac Mahon, en ti está el espíritu de los García, la fortaleza de los Ivory y sobre todo, eres la ilusión con la que me despierto cada día y me haces sentir que la vida es maravillosa.

BIBLIOGRAFIA

Más que una escritora me considero una divulgadora, mi labor es hacer que la información de muchos expertos se vuelva significativa y así tú puedas implementar cambios en tu vida. Si te has quedado con las ganas de profundizar más sobre algún tema, aquí tienes una lista de libros que te ayudarán a ampliar tu horizonte.

Brainwashing, La ciencia del control del pensamiento, **Taylor Kathleen**

La auténtica Felicidad, de **Martin, Seligman**

Mindfulness en la vida cotidiana, **Jon Kabat-zinn**

La práctica de la atención plena, **Jon Kabat-zinn**

El libro tibetano de la vida y de la muerte, **Sogyal Rimpoché**

La hipótesis de la felicidad, **Jonathan Haidt**

La felicidad, **Matthieu Ricard**

La ventaja de la felicidad, **Shwan Achor**

Los Misterios del Amor y el Sexo, **Silvia Olmedo**

Comer sin miedo, **J.M.Mule**

Aprender de la ansiedad, **Pedro Moreno**

La Ansiedad, **Enrique Rojas**

La guía del estrés, **Robert Sapolsky**

¿Por qué la cebras no tienen úlcera?, **Robert Sapolsky**

Inteligencia intuitiva, **Malcolm Gladwel**

Musico filia, **Oliver Sacks**

Inteligencia emocional, **Daniel Goleman**

Achor, Shaun, La felicidad como ventaja, RBA Libros, Barcelona, 2011.

Gladwel, Malcolm, Inteligencia intuitiva, Taurus, Madrid, 2005.

Goleman, Daniel, La inteligencia emocional, Vergara, Madrid, 2004.

Haidt, Jonathan, La hipótesis de la felicidad, Gedisa, Barcelona, 2006.

Kabat-Zinn, Jon, La práctica de la atención plena, Kairós, Barcelona, 2007.

_____, Mindfulness en la vida cotidiana, Paidós Ibérica, Barcelona, 2009.

Kathleen, Taylor, Brainwashing: The Sciencew of Thought Control (La ciencia del control del pensamiento), Oxford University Press, 2004.

Moreno, Pedro, Aprender de la ansiedad, Desclee de Brouwer, Bilbao, 2013.

Mulet, J. M., Comer sin miedo, Destino, Barcelona, 2014

Olmedo, Silvia, Los misterios del amor y el sexo, Aguilar, México, 2010.

Ricard, Matthieu, En defensa de la felicidad, Urano, Madrid, 2011.

Rimpoché, Sogyal, El libro tibetano de la vida y de la muerte, Urano, Madrid, 2006.

Rojas, Enrique, La ansiedad, Temas de Hoy, Barcelona, 1998.

Sacks, Oliver, Musicofilia, Barcelona, 2014.

Sapolsky, Robert, ¿Por qué las cebras no tienen úlcera?: La guía del estrés, Alianza editorial, Madrid, 2008.

Seligman, Martin E. P., La auténtica felicidad, Ediciones ZETA, Barcelona, 2011.

En este libro también se incluyeron charlas con expertos entre ellos, Pepelu Sánchez y Fernanda Centeno, muchas gracias.

Mis sentimientos erróneos, de Silvia Olmedo
se terminó de imprimir en octubre de 2014
en los talleres de Editorial Impresora Apolo, S.A. de C.V.
Centeno 150-6, Col. Granjas Esmeralda,
C.P. 09810, México, D.F.